06 ゼロからはじめる建築知識

建築構造

江尻憲泰

編集協力・本文デザイン	廷々史哉・福島みか／パルス・クリエイティブ・ハウス
	阿部 守／MABコンサルティング
イラスト	高村あゆみ
カバー・表紙デザイン	細山田デザイン事務所

はじめに

　構造設計は数学や物理の公式を駆使して計算を行うイメージが強いようです。そのため、最初から「理解はできない」と決めつけてしまい、敬遠される方も多いのではないでしょうか。

　構造計算プログラムが発達した結果、構造設計者でも『力の流れ』を理解しないまま、設計を行う傾向にあります。また、図面と計算書の整合性の厳密化により、構造設計者の考える時間は減り、さらに、設計者の判断ではなく、審査する側の判断で設計が強制されることも多く、「構造設計はおもしろくない」と思われるような不幸な状況となっています。

　本来、構造設計とは、難しい計算を行う事ではありません。各種材料の性質、風や地震といった環境、建築計画などさまざまな条件の下、力の流れを考えて、構造という側面から形あるものをつくることです。力の流れは一つではなく、無限にあります。自分の創造力で、力の流れをつくり出していくことは本当に楽しいことです。

　残念ながら、力の流れはすぐには理解できません。基本的な事を体得し、経験を積み重ねる必要があるのです。本書は力の流れを説明するものではありません。ものづくりに携わるうえで、『構造』という側面から『おもしろさ』を体験するために必要な基礎知識として、構造設計全般についてできるだけ簡単にまとめたものです。そのため、参考書にあるような難しい構造計算は極力避けました。構造はまったく分からないという方や、なかなか取っ付きにくいという方々にとって、実務や勉強の傍らの読み物としてお役に立てればと願っております。

平成 22 年 9 月吉日　　　江尻憲泰

INDEX

第1章　建物に働く力 ………………… 009

建物に作用する荷重と外力 …………………………010
建物自体の固定荷重と人や物による積載荷重 ……012
建物が高くなるほど大きくなる風圧力 ……………014
建物の重力に比例して大きくなる地震力 …………016
荷重の組み合わせの考え方 …………………………018
部材の内部に生じる応力 ……………………………020
力の合成と分解の考え方 ……………………………022
力とつり合うように生じる反力 ……………………024
一部が壊れても全体が壊れない不静定構造 ………026
構造計算の結果を表す応力図 ………………………028
材料の性質で異なる部材の変形 ……………………030
構造計算の基礎となる断面の性質 …………………032
コラム　新しい構造形式 ……………………………034

第2章　建築の材料と構造 ………… 035

木材・鉄・コンクリートが代表的な建築材料 ……036
木材(製材)と木質材料 ………………………………038
火と錆への対策が必要な鋼材 ………………………040

鉄筋で補うコンクリートの欠点 …………………042
コンクリートの耐久性は
　乾燥収縮と中性化防止がカギ ………………044
日本の木造住宅で最も多い在来軸組構法 ………046
北米から伝わった枠組壁工法（わくぐみかべこうほう）……………………048
そのほかの木造の構法（こうほう）………………………050
高層建築物に使われる鉄骨造 ……………………052
自由な形状をつくりやすい鉄筋コンクリート造 ……054
そのほかのコンクリート造 ………………………056
コラム　新材料と使い方の工夫でつくる強い構造 …058

第3章　建物を支える構造部材と基礎 ………… 059

構造部材と力の伝わり方 …………………………060
構造計算に使うのは部材の性質を表す数値 ………062
架構・荷重をモデル化して構造計算する …………064
床や小屋組を支える梁の種類と形状 ………………066
梁に生じる応力の求め方 …………………………068
たわみと応力から求める梁（はり）の大きさ ………070
躯体との接合部が重要な片持ち梁 …………………072
軸力で勝負するトラス構造 ………………………074
座屈（ざくつ）に注意して行う柱の設計 ……………076

基礎と柱をつなぐ柱脚の設計 …………………078
水平力に抵抗する耐震壁 ………………………080
偏心は重さの中心と剛さの中心のズレ ………082
高さ方向の強さのバランスを表す剛性率 ……084
木造で使われる筋かい耐力壁と面材耐力壁 …086
壁量計算と4分割法で耐力壁を確認する ……088
鉛直荷重を支え水平力を伝達する床 …………090
鉄筋コンクリート造の床の設計 ………………092
耐震壁に効率よく水平力を伝達する剛床 ……094
力の伝達が難しいスキップフロア・吹抜け …096
構造の種類で変わる屋根の設計 ………………098
大きさが制限される耐震壁の開口 ……………100
単純梁や片持ち梁で考える階段の構造 ………102
在来軸組構法の部材をつなぐ継手と仕口 ……104
ボルト・プレート・溶接で行う鉄骨部材の接合 ……106
鉄筋の継手方法と定着長さが重要な
　鉄筋コンクリートの接合部 …………………108
不整形な建物は
　エキスパンションジョイントで分割する …110
地盤の耐力で決まる基礎の形式 ………………112
地盤の種類と性質 ………………………………114
地盤調査と地盤改良 ……………………………116

コラム　構造計算で使われる単位の国際化 ……… 118

第4章　進化する耐震(たいしん)技術と耐震診断 …………… 119

2段階ある耐震(たいしん)設計法 ……………………… 120
地震のしくみと構造計算 ……………………… 122
耐震構造と制震構造(制振構造) ……………… 124
建物に伝わる地震力を減少させる免震構造 ……… 126
耐震(たいしん)診断と耐震補強 ……………………… 128
コラム　建物を評価する各種の指標 ……………… 130

第5章　構造に関する図面の読み方 ……………… 131

構造設計者の業務と役割 ……………………… 132
安全性を高める構造設計 ……………………… 134
居住性を高める構造設計 ……………………… 136
構造材の動きを考慮して選定する仕上材 ………… 138
構造設計図の種類と役割 ……………………… 140
継手や金物まで詳細に描く木造の構造図 ………… 142
施工条件を考慮して描く鉄骨造の構造図 ………… 144
レベルの表現が重要な
　鉄筋コンクリート造の構造図 ……………… 146

階ごとにまとめる部材断面リスト ……………… 148

鉄骨造と鉄筋コンクリート造の構造詳細図 ……… 150

継手や溶接の仕様をまとめる継手・溶接基準図 … 152

意匠設計・設備設計と構造設計 ……………… 154

コラム　地震や災害の被害検証を経て

　　　改定されてきた建築構造法規 …………… 156

第6章　構造計算の手法と法律 …… 157

建物の構造安全性を確認する構造計算書 ……… 158

各部材に生じる応力を基に検証する

　許容応力度計算 ……………………………… 160

建物の倒壊過程をシュミレーションする

　保有水平耐力計算 …………………………… 162

損傷限界と安全限界で検証する限界耐力計算 …… 164

地震波をそのまま用いる構造計算方法 ………… 166

構造監理の業務内容と流れ …………………… 168

建築基準法と構造規定 ………………………… 170

構造計算のルート ……………………………… 172

耐震偽装事件後、義務化された構造チェック …… 174

本書は2008年10月、エクスナレッジより刊行された「世界で一番やさしい建築構造」を、再編集および加筆・修正したものです。

第1章

建物に働く力

建物に作用する荷重と外力

建物にはあらゆる方向からさまざまな力が加わります。建物の構造計算では、これらの力を正しく評価することが重要です。建物に加わる力は、地面に垂直方向にかかる鉛直荷重と、水平方向にかかる水平力の2つに分けられます（図）。

鉛直荷重と水平力

鉛直荷重は、建物の躯体や仕上材などの自重である固定荷重、建物のなかの人や家具の重量である積載荷重、屋根に積もった雪による積雪荷重に分けられます。

積雪荷重の目安は、一般的な区域では積雪深さ1cm当たり20N（ニュートン）／㎡として計算します。ただし特定行政庁が指定した区域では、特定行政庁が定めた数値で構造計算を行わなければなりません。

一方、水平力には、風の力による風圧力と地震による地震力があります。地震大国である日本では、一般的に風圧力より地震力の方が問題になります。

ただし、建物の高さや構造種別によっては、地震力よりも風圧力に対する構造設計が重要になる場合がありますから、注意が必要です。

固定荷重や積載荷重のように、建物に常に作用する力を長期荷重といい、風や地震のように建物に短期間だけ作用する荷重を短期荷重といいます。積雪荷重は、長い間雪が積もることが想定される多雪区域では長期荷重、それ以外では短期荷重として扱います。

そのほかの外力

このほかにも、建物周囲の地盤や地下水による土圧や水圧が建物の基礎に加わります。

また、寒暖の差によって部材が膨張・収縮することで発生する温度応力、人が室内で飛び跳ねたときなどに発生する衝撃荷重、工場でクレーンなどの設備機器が移動するたびに起こる振動による繰返荷重も考慮して構造設計を行わなければなりません。

建物には鉛直方向と水平方向から力が加わります

図

鉛直荷重

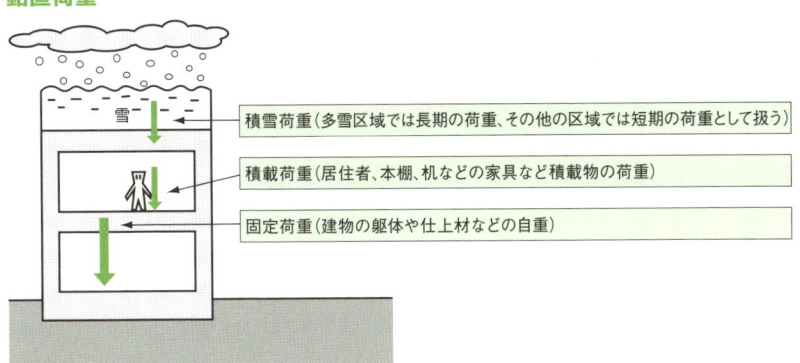

雪
積雪荷重（多雪区域では長期の荷重、その他の区域では短期の荷重として扱う）
積載荷重（居住者、本棚、机などの家具など積載物の荷重）
固定荷重（建物の躯体や仕上材などの自重）

水平力

①地震力

左右に揺れる

②風圧力

左右に揺れる

そのほかの外力

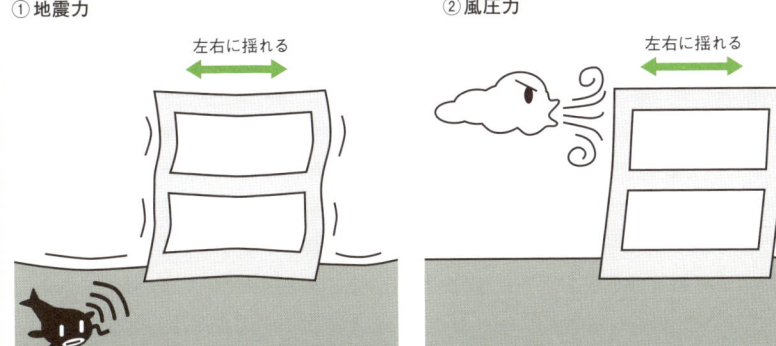

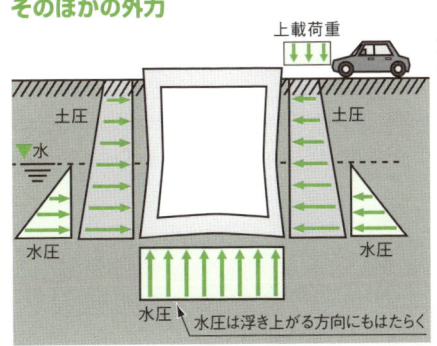

上載荷重
車などの上載荷重も
土圧に影響する
土圧
土圧
水
水圧
水圧
水圧
水圧は浮き上がる方向にもはたらく

建物には、このほかにも、地盤や地下水によって基礎にかかる土圧・水圧、日射などの熱による温度応力、物がぶつかったときに生じる衝撃荷重、設備機器の移動による繰返荷重などが作用する

建物自体の固定荷重と人や物による積載荷重

固定荷重とは

固定荷重は、建物の構造設計をするうえで最初に把握しなければならない荷重です。力の方向が常に一定のため、死荷重と呼ばれることもあります。

固定荷重には、柱、梁、床などの構造躯体や、外壁や床、天井などの仕上材などの荷重が含まれます。設備の荷重は、通常、積載荷重として考えますが、特に重い設備などを設置するときは固定荷重として扱う場合もあります。このほか、配管や耐火被覆材の荷重なども固定荷重に含まれます。

固定荷重は、部材や仕上材の単位当たりの重量を基に算出します。主な構造材料では、木が8kN／㎥、鉄が78kN／㎥、コンクリートが23〜24kN／㎥、軽量コンクリートが17〜21kN／㎥となります。建築基準法施行令84条には、建物の部分、種別と単位面積当たりの荷重が規定されています。ただし、実情に合わせた構造計算をするためには、メーカーのカタログなどを参考にして実際に使う部材の荷重で計算します（図1）。

積載荷重とは

積載荷重とは、建物のなかの人や家具、物品などの荷重のことです。力の大きさや荷重の位置が一定でないため活荷重とも呼ばれます。

積載荷重は建物の用途や居室の種類、構造計算の対象ごとに令85条に計算用の数値が定められています。床の計算用、柱・大梁・基礎の計算用、地震力の計算用の3つがあり、床用、柱・大梁・基礎用、地震用の順番に値が小さくなります。床は床自体で支えなければならないのに対して、柱・大梁は何本かで支られ、地震力は荷重のバラツキが大きいためです。

ピアノや本棚など、特に荷重の大きいものを設置する場合は、建物の一部分に集中的な荷重がかかるため、別途、構造計算を行う必要があります（図2）。

積載荷重の数値は建築基準法に定められています

図1

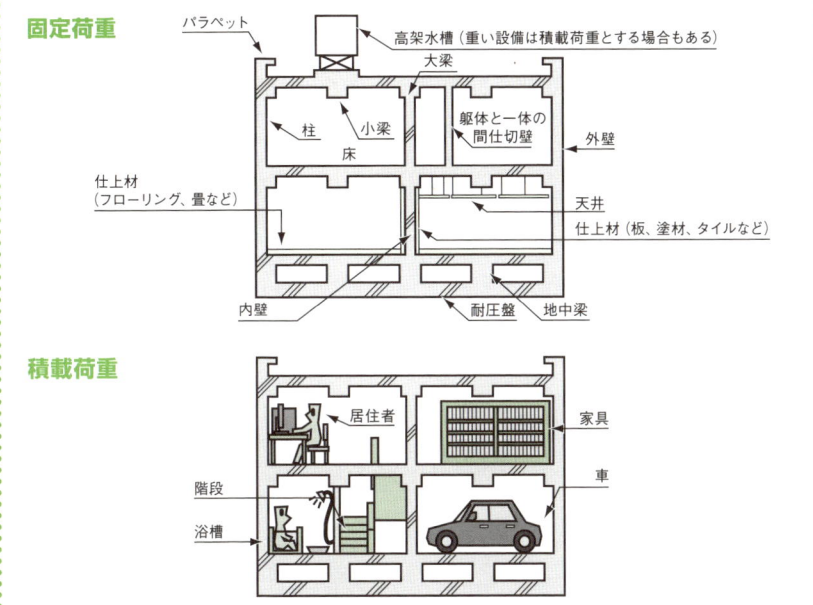

固定荷重 / **積載荷重**

図2

構造計算用の積載荷重（令85条）

室の種類		構造計算の対象		(い) 床の構造計算をする場合(N/㎡)	(ろ) 大梁,柱または基礎の構造計算をする場合(N/㎡)	(は) 地震力を計算する場合(N/㎡)
(1)	住宅の居室、住宅以外の建築物における寝室または病室			1,800	1,300	600
(2)	事務室			2,900	1,800	800
(3)	教室			2,300	2,100	1,100
(4)	百貨店または店舗の売り場			2,900	2,400	1,300
(5)	劇場、映画館、演芸場、観覧場、公会堂、集会場、その他これらに類する用途に供する建築物の客席または集会室		固定席の場合	2,900	2,600	1,600
			その他の場合	3,500	3,200	2,100
(6)	自動車車庫および自動車通路			5,400	3,900	2,000
(7)	廊下、玄関または階段			(3)から(5)までに掲げる室に連絡するものにあっては、(5)の「その他の場合」の数値による		
(8)	屋上広場またはバルコニー			(1)の数値による。ただし、学校または百貨店の用途に供する建物にあっては、(4)の数値による		

建物が高くなるほど大きくなる風圧力

速度圧と風圧力

　建物に風が当たると、建物を押したり、引張ったりする力が発生します。この風による力を風圧力と呼びます。風圧力の大きさには、風速および速度圧が深く関係しています。

　速度圧とは建物の表面に生じる荷重のことです。速度圧は、空気の密度などを考慮して定められた係数 0.6 と、建築物の屋根の高さや周辺環境に応じて算出する数値 E、そしてその地方での過去の台風の被害の程度などに応じて国土交通大臣が定めた基準風速 Vo の 2 乗との積で求められます。つまり、風速が速いほど速度圧は大きくなります。

　一般に速度圧は、建物が高くなるほど大きくなります。逆に、建物の近くに、風を有効に遮るほかの建築物や防風林などがある場合は、風速が小さくなるため、速度圧を 1／2 まで減らして構造計算することが認められています。

風圧力と風荷重

　風圧力 W は、国土交通大臣が定めた風力係数 Cf に、速度圧 q を乗じて算出します。風力係数は、建物の形状や風を受ける面（見付面）の方向によって値が異なります。形状や風や受ける面ごとの風力係数の算出方法は、平成 12 年建設省告示 1454 号に規定されています。

　風荷重 P は、先に算出した風圧力に見付面積を乗じて求めることができます。風荷重は各階ごとに計算します。各階の見付面積はその階の階高の 1／2 の壁面積とその上階の階高の 1／2 の壁面積の和となります。

　実際の建物が風を受けると、風は見付面に沿って流れます。そのため、建物の隅部には、ほかの部分よりも大きな力が作用することになります。仕上材の風荷重算出方法は告示に規定されており、それを用いて隅部の仕上材の耐力を検討する必要があります（図）。

> 建物の隅部には、より大きな風圧力が働きます

図

速度圧の計算式

$$q = 0.6 \times E \times V_0^2$$
$$E = E_r^2 \times G_f$$

q：速度圧（N／㎡）
E：周辺の状況に応じて国土交通大臣が定めた方法により算出した係数
Vo：基準風速（m／s）
　　各地域ごとに建築基準法で定められている
Er：平均風速の高さ方向の分布を表す係数
Gf：突風などの影響を考慮した係数（ガスト影響係数）

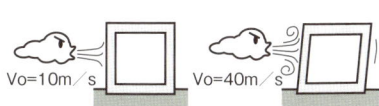

風荷重は、自動車が建物に衝突するのと同じ。スピードが速いほど大きな荷重となる

風に対する障害物があると風圧は小さくなる

風圧力と風荷重の計算式

$$P = C_f \times q$$

P：風荷重（N）
W：風圧力（N／㎡）
Cf：風力係数
q：速度圧（N／㎡）

風圧力（N／m²）× 見付面積＝風荷重（N）

建物1階が風を受ける面積（見付面積）

※木造の場合の見付面積は床面から1.35m以下の部分を除いた壁面積を採用

建物隅部の風荷重

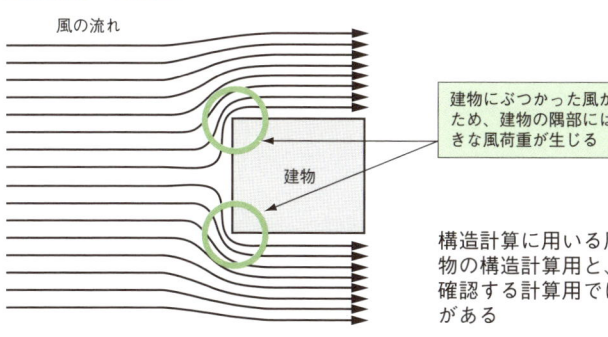

風の流れ / 建物

建物にぶつかった風が建物に沿って流れるため、建物の隅部には風が集まり非常に大きな風荷重が生じる

構造計算に用いる風荷重の数値は、建物の構造計算用と、外装材の安全性を確認する計算用では変えて考える必要がある

建物の重力に比例して大きくなる地震力

地震力と地震層せん断係数

建物は、地震の揺れによって、地震層せん断力 Qi という水平力（地震力）を受けます。地震層せん断力は、地震層せん断力係数 Ci と建築物の重量を掛けて算出します。つまり地震力は、建物の重量に比例して大きくなります。

地震層せん断力係数は、地域係数 Z、振動特性係数 Rt、地震層せん断力係数の高さ方向の分布係数 Ai、標準せん断力係数 Co を掛けて求めます。

地域係数は、過去の地震記録をもとに全国的に定められた低減係数です。0.7～1.0 の範囲で地域別に値が決められています。振動特性係数は、建物の固有の揺れ方（固有周期）と地盤の硬さに応じて定められた低減係数です。地盤の硬さは 3 種類に分かれており、同じ固有周期の建物ならば、軟らかい地盤ほど揺れが大きくなります。

地震層せん断力係数の高さ方向の分布係数（Ai 分布）は、建物の高さ方向での地震力の違いを求める係数です。高い階ほど地震力が大きくなるので、係数も大きくなります。

標準せん断力係数は、重力加速度に対する建物に生じる加速度の割合で、建築基準法施行令 88 条で数値が定められています。

地震力算出の注意点

構造計算では、各階で地震力に対する安全性を確認します。したがって、地震力の算出に用いる建物の重量は、地震力を求める階より上の重量としなければなりません。この重量は固定荷重と積載荷重を加えて求めます。

また、これまで述べた地震力の算出式は、地上部のもので、地下部の地震力については別途、構造計算する必要があります。地下の水平震度は深さ 20 m くらいまでは、深くなるほど小さくなります。このほか、建物の屋上に設けられた煙突や水槽なども算出の方法が異なるので注意が必要です（図）。

地震力は、建物の重量や固有周期、地盤の状態によって決まります

地震層せん断力の計算式

Q_3 ｜ w_c ｜ $W_3 = w_c$
Q_2 ｜ w_b ｜ $W_2 = w_b + w_c$
Q_1 ｜ w_a ｜ $W_1 = w_a + w_b + w_c$

$$Q_i = C_i \times W_i$$
$$C_i = Z \times R_t \times A_i \times C_0$$

Q_i：i 階に作用する地震層せん断力
C_i：i 階の層せん断力係数
W_i：i 階の地震力を求めるときの重量
Z：地域係数（0.7〜1.0）
R_t：振動特性係数
A_i：地震層せん弾力係数の高さ方向への分布
C_0：標準せん断力係数（1次設計時 $C_0 = 0.2$）

振動特性係数（R_t）の特徴

地盤の硬軟	硬い ←→ 軟らかい	
	小 → 大	
建物の高さ	高い ←→ 低い	
	小 → 大	
構造種別	S	RC
	小	大

振動特性係数は、地盤の性状や建物の高さと構造形式などで決まる建物の固有周期で変わる

地震層せん断力係数の高さ方向の分布図（A_i）

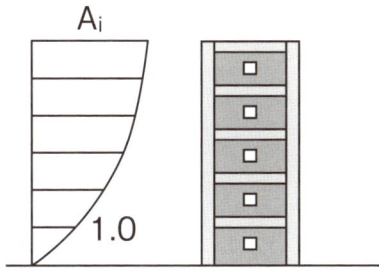

A_iの値は上階に行くほど大きくなる

地階の地震力

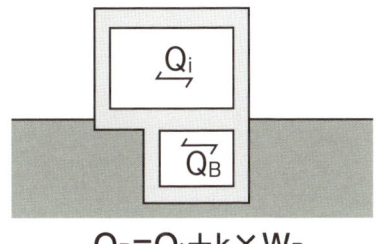

$$Q_B = Q_i + k \times W_B$$

k：地下の水平震度
　深さ20mくらいまでは深くなるほど小さくなる。地下1階ならば、k=0.1として計算する
W_B：地下階の重量

屋上の塔屋などの地震力

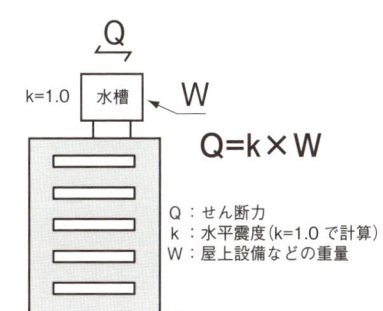

$$Q = k \times W$$

Q：せん断力
k：水平震度（k=1.0で計算）
W：屋上設備などの重量

荷重の組み合わせの考え方

長期と短期の組み合わせ

　建物にはさまざま荷重が加わるため、構造計算では、複数の荷重を組み合わせて検討します。荷重の種類や継続時間によって組み合わせはさまざまです。固定荷重Gや積載荷重Pは、建物に対して常に作用します。したがって、長期にわたって建物にかかる荷重(長期荷重)は、この固定荷重と積載荷重を組み合わせたものになります。一方、地震時や暴風時は、長期荷重のほかにも、地震力による荷重（地震荷重K）や風圧力による荷重（風荷重W）が短期間に建物に作用します。そのため、地震時はG＋P＋K、暴風時はG＋P＋Wのように荷重を組み合わせて構造計算しなければなりません。なお、地震時と暴風時が重なる確率は低いため、風荷重と地震荷重を組み合わせる必要はありません（図1）。

地域で変わる積雪荷重の扱い

　年間を通してあまり雪の降らない一般区域では、最大積雪深さから算出した荷重（積雪荷重：S）を、地震荷重や風荷重と同様に、建物に作用する短期荷重として扱います。

　一方、多雪区域では、何カ月もの間、積雪が見込まれるため、短期荷重だけではなく長期荷重としても積雪荷重を考慮しなければなりません。長期荷重として検討する場合は、積雪荷重を0.7倍した値とします。

　また、多雪区域では、積雪荷重と風荷重や地震荷重が同時に建物に生じる可能性があります。

　したがって、地震時や暴風時に対する構造計算では、地震荷重や風荷重に積雪荷重を組み合わせて検討します。この場合は、積雪荷重を0.35倍した値を短期荷重として見込みます。

　なお、積雪荷重は、積雪の単位重量に積雪量（深さ）と、屋根形状係数を掛けて求めます。屋根形状係数は屋根の勾配によって決まる係数です（図2）。

建物にかかる複数の荷重を合わせて構造計算を行います

図1

荷重の組み合わせ

	長期	短期
一般区域	G＋P	G＋P＋K G＋P＋W G＋P＋S
多雪区域	G＋P G＋P＋0.7S	G＋P＋K G＋P＋W G＋P＋K＋0.35S G＋P＋W＋0.35S

G：固定荷重　P：積載荷重　K：地震荷重　W：風圧力による荷重　S：積雪荷重

図2

積雪の取り扱い方

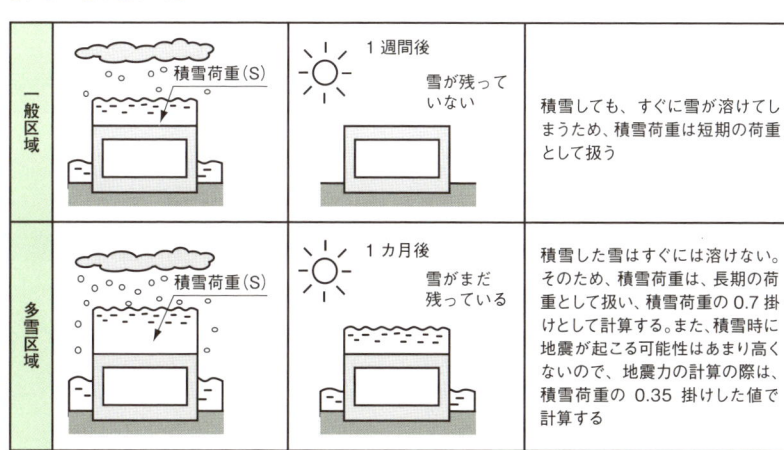

一般区域	積雪荷重(S)	1週間後 雪が残っていない	積雪しても、すぐに雪が溶けてしまうため、積雪荷重は短期の荷重として扱う
多雪区域	積雪荷重(S)	1カ月後 雪がまだ残っている	積雪した雪はすぐには溶けない。そのため、積雪荷重は、長期の荷重として扱い、積雪荷重の0.7掛けとして計算する。また、積雪時に地震が起こる可能性はあまり高くないので、地震力の計算の際は、積雪荷重の0.35掛けした値で計算する

積雪荷重（N／㎡）＝積雪の単位重量（深さ1cm当たり、N／㎡）
　　　　　　　　　×垂直積雪量（cm）×屋根形状係数

※　積雪の単位重量：一般区域20N／㎡、多雪区域30N／㎡

部材の内部に生じる応力

応力の種類

部材に荷重（外力）が加わると、外力につり合う力が部材内部に生じます。この力を応力と呼び、「軸力N」「曲げモーメントM」「せん断力Q」の3つに分類することができます。

軸力は、部材の軸方向に作用する力のことで、引張り力と圧縮力の2つがあります。引張り力は部材を引き伸ばそうとしたとき、圧縮力は部材を押しつぶそうとしたときに、それぞれ部材内部に生じます。これらの軸力は部材断面に均等に作用します。

曲げモーメントは、部材を曲げようとする力のことです。凹状に変形している側では圧縮力が、凸状に変形している側では引張り力が生じており、圧縮力と引張り力の境界は中立軸と呼びます。したがって曲げモーメントは、部材断面で均等には生じません。中立軸には圧縮力も引張り力も働きません。

軸力や曲げモーメントと比較して、理解しづらいのがせん断力です。

せん断力は、部材を軸方向と直交する方向に切断するように生じる力です。せん断力を利用した身近なものにハサミがあります。ハサミは2枚の刃で紙を上下にずらして切断しますが、このとき紙に生じている力がせん断力です。せん断力が生じると、部材は平行四辺形に変形します。また、せん断力は曲げモーメントと密接に関係しています。

応力も組み合わせる

軸力、曲げモーメント、せん断力はそれぞれ単独で発生するわけではありません。

たとえば、梁の中央部に鉛直に荷重がかかった場合、梁には、曲げモーメントとせん断力が生じます。そして、梁を支える柱には、軸力が発生します。

このように、部材の構造の安全性を確認する場合は、軸力、曲げモーメント、せん断力を複合的に考慮して構造計算をする必要があります（図）。

応力には、軸力、曲げ、せん断の3種類があります

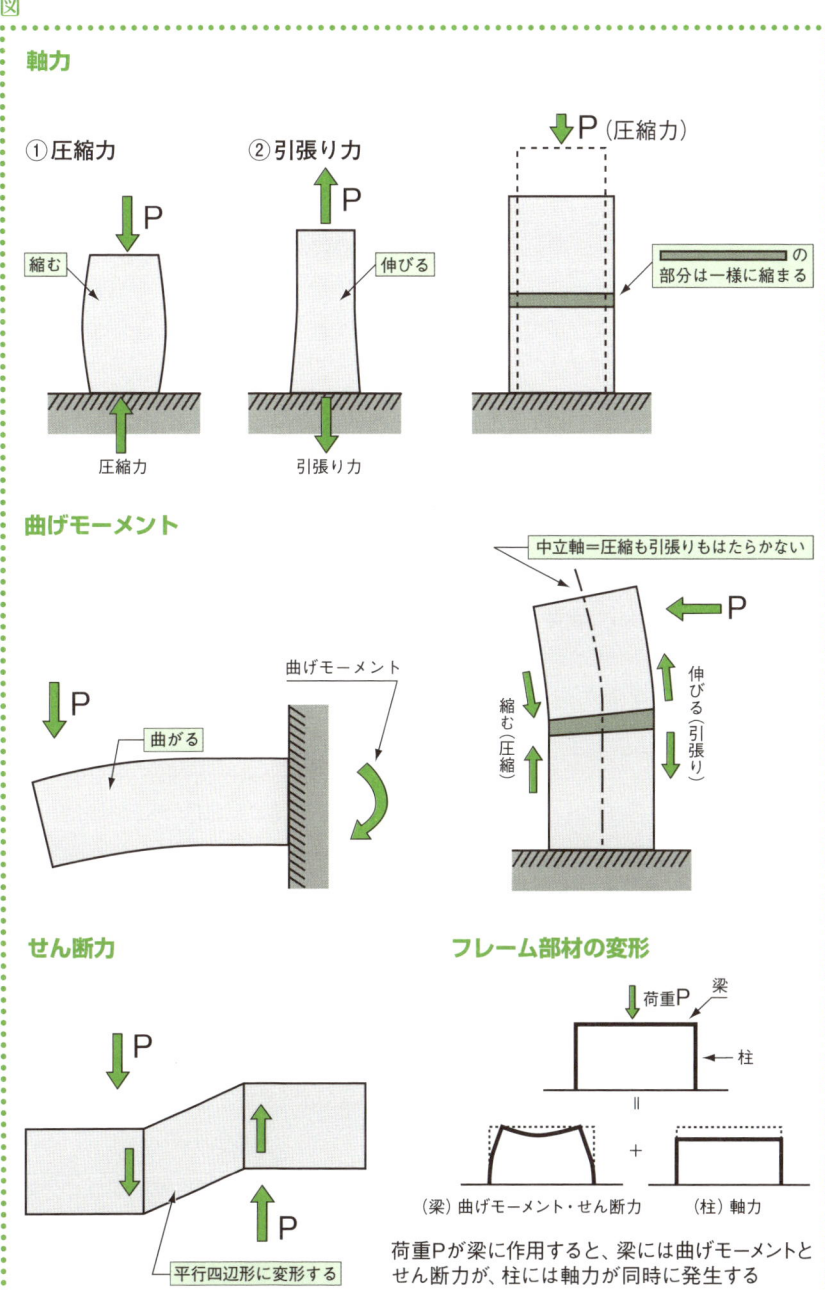

力の合成と分解の考え方

ベクトルとは

構造計算で力を扱う場合は、大きさ（量）だけでなく、作用する方向についても検討しなければなりません。この力の方向と大きさのことをベクトルといいます。ベクトルは矢印の長さで力の大きさを、矢印の向きで力の作用する方向を示します。

力の合成と分解

力のベクトルによって、力を合成することが可能です。

たとえば、木を押す大人の後ろから、子どもが同じ方向に力を加えると、大人が木を押す大きな力と、子どもが大人を押す小さな力は、ベクトルが同一線上にあるため、2つの力を足し合わせた量が、木に加わる力の総量となります。逆に、子どもと大人が互いに1本の木の端を持ち、引き合う場合、木を動かそうとする力は子どもの力と大人の力の差になります。

複数のベクトルが同一線上にない場合は、2つのベクトルを辺にもつ平行四辺形をつくって対角線を描きます。対角線の長さと方向が合成した力のベクトルになります（図1）。合成した力は合力といいます。

力を分解する場合は、分解したい力のベクトルを対角線とした平行四辺形をつくります。平行四辺形の交差する2辺が、分解された力のベクトルとなります（図2）。

構造計算は力の合成と分解

構造計算は、建物に流れる力を正しく評価することから始まります。建物を構成する部材は縦方向の柱、横方向の梁、斜め方向の筋かいなど、さまざまな方向をもっています。

また、地震力や風圧力など、建物に作用する外力も加力方向が必ずしも一定ではありません。したがって構造計算では、部材の方向に応じた力の合成・分解が欠かせません。

たとえば、木造の登り梁などは、部材が鉛直方向でないため、作用する力を分解して構造計算を行います。登り梁が受ける鉛直方向の荷重は、部材と直交方向の等分布荷重と部材の軸力に分けられます（図3）。

> 方向が異なる力は、平行四辺形を描いて合力を求めます

図1

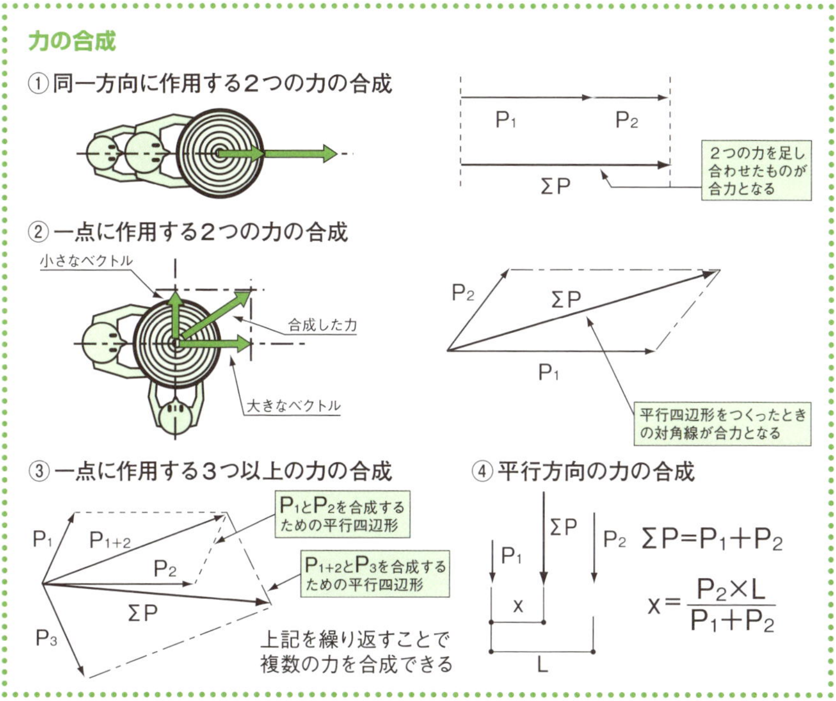

力の合成
①同一方向に作用する2つの力の合成
P1
P2
ΣP
2つの力を足し合わせたものが合力となる
②一点に作用する2つの力の合成
小さなベクトル
合成した力
大きなベクトル
P2
ΣP
P1
平行四辺形をつくったときの対角線が合力となる
③一点に作用する3つ以上の力の合成
P1
P1+2
P2
ΣP
P3
P1とP2を合成するための平行四辺形
P1+2とP3を合成するための平行四辺形
上記を繰り返すことで複数の力を合成できる
④平行方向の力の合成
ΣP
P1
P2
x
L
ΣP=P1+P2
x=P2×L / P1+P2

図2

力の分解
分解例1
P
P1
P2
分解例2
P
P1
P2
任意の平行四辺形をつくり任意の力のベクトルに分解できる。左図では同じ力Pに対して、2つの分解例を示した

図3

登り梁にかかる荷重の分解
登り梁に作用する荷重
材軸方向の軸力
材に直交方向の等分布荷重
登り梁
材に直角方向の等分布荷重と材軸方向の軸力に分解して構造計算する

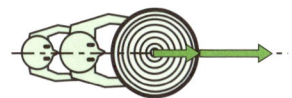

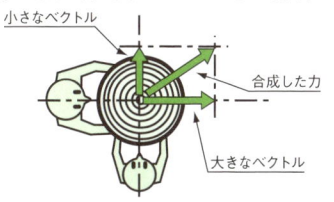

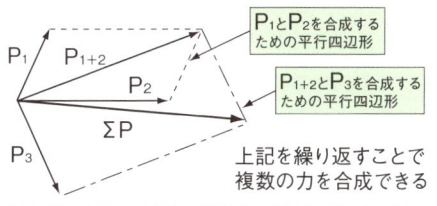

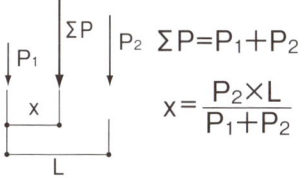

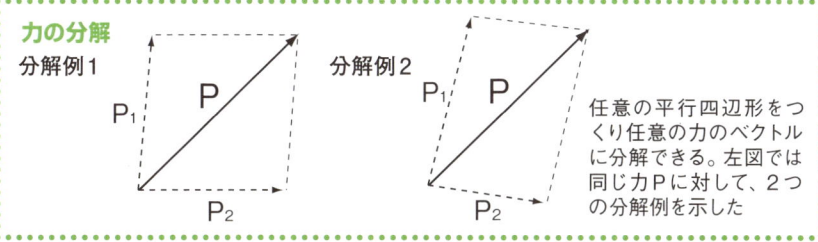

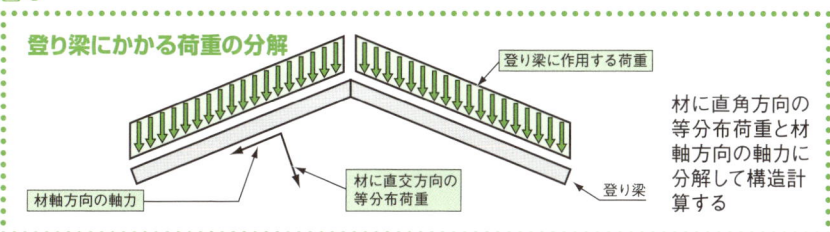

力とつり合うように生じる反力

支点には反力が生じる

　物にある方向から力が加わったとき、その物が動かなければ、それを支えている点に加力方向と逆方向に同じだけの力が発生しています。この力を反力といいます。

　反力は作用する方向によって、鉛直反力V、水平反力H、回転反力Mの3種類に分けられます。

　反力は支点に発生します。支点には回転移動端、回転端、固定端がありますが、その支点の種類によって発生する反力が異なります。

　ピンとローラーの支点である回転移動端の場合は、水平方向には自由にスライドできますが、鉛直方向が拘束されているため、鉛直反力が生じます。

　ピン支点である回転端の場合、端部の回転が自由であるため回転反力は発生しませんが、水平・鉛直方向は拘束されているためそれぞれの反力が生じます。

　固定端は、鉛直・水平・回転のいずれも拘束されているため、すべての方向に反力が生じることになります（図1）。

力のつり合いと反力

　建物が安定するためには、作用させた力と反力が必ずつり合っていなければなりません。そのため、つり合いの方程式を用いて構造計算を行うことができます。

　つり合いの方程式は、鉛直・水平・回転方向に対して、作用する力と反力を足し合わせると0になることを確認する計算式です（図2）。

　直線的に作用する力の場合、作用させた力を鉛直・水平方向に合成・分解して求めた力と同じだけの反力が、支点の各方向に生じていると考えます。

　回転方向の力に対して発生する各支点の反力は、曲げモーメントを支点間距離で割って算出した値となります。

　なお、曲げモーメントについては、作用する位置が変わっても、両支点に生じる支点反力の値は変わりません。

力を加えると反対方向に反力が生じます

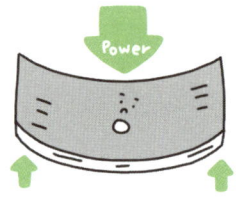

図1

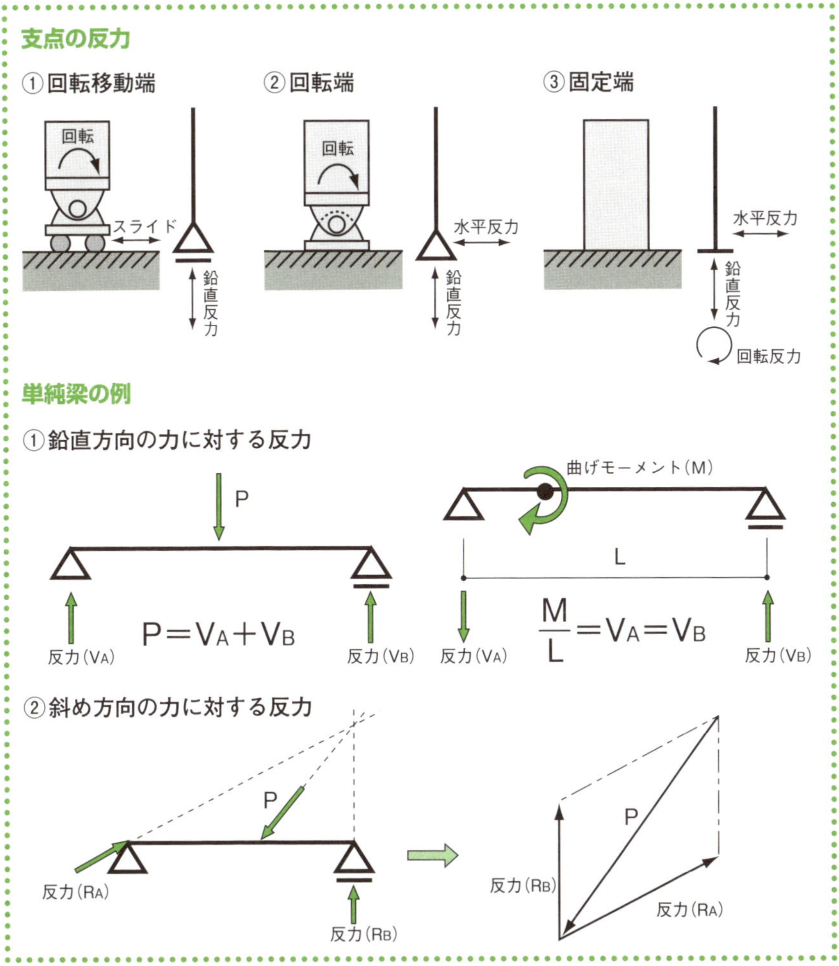

支点の反力
①回転移動端
②回転端
③固定端
回転
スライド
鉛直反力
回転
水平反力
鉛直反力
水平反力
鉛直反力
回転反力
単純梁の例
①鉛直方向の力に対する反力
P
P＝VA＋VB
反力(VA)
反力(VB)
曲げモーメント(M)
L
M/L＝VA＝VB
反力(VA)
反力(VB)
②斜め方向の力に対する反力
P
反力(RA)
反力(RB)
P
反力(RB)
反力(RA)

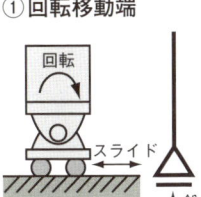

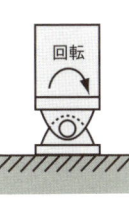

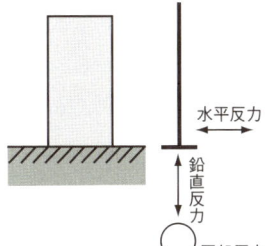

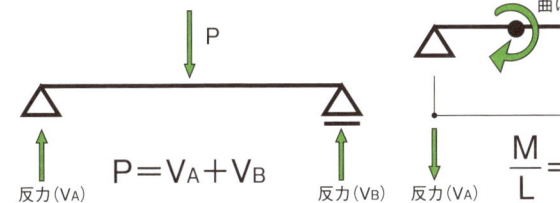

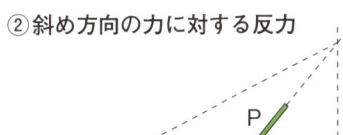

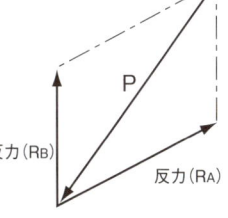

図2

力のつり合い式

$$\Sigma X = 0$$
$$\Sigma Y = 0$$
$$(\Sigma Z = 0)$$

すべての方向(X、Y、Z)の合力が0になる
※Zは立体で考えた例

$$\Sigma M = 0$$

任意の点に対する力のモーメント(M)の合計が0になる

一部が壊れても全体が壊れない不静定構造

安定と不安定

建物にかかる荷重と反力がつり合うと、建物は動かずに安定を保ちます。一方、荷重と反力がつり合わないと、建物は倒壊します。構造力学上、前者の状況を安定、後者を不安定といいます。

安定は、さらに静定と不静定の2つに分けることができます。

静定とは、接合部が1カ所でも壊れると構造全体が壊れる状況をいいます。

一方、不静定とは、1カ所の接合部が壊れても構造全体が壊れない状況をいいます。つまり、静定構造よりも不静定構造の方が、安定していることになります（図）。

不静定次数で変わる安全性

不静定の構造で、接合部を壊していったとき、最終的に構造が不安定になるまでに壊す接合部の数を不静定次数と呼びます。不静定次数 m は、部材数 s、反力数 n、剛節接合部数 r、節点数 k から求めることができます。

不静定次数が高いほど、構造上の安定した建物といえます。たとえ構造計算上、建物全体の強度が同じでも、不静定次数が異なると、実際の構造の安全性が違うことになります。

たとえば、鉄骨ラーメン構造と鉄骨ブレース構造では、構造計算上同じ耐力をもつように設計しても、後者の方が不静定次数が低いため安全性が低くなります。

建物の構造の安全性を許容応力度計算（160頁参照）で確認する場合は、部材がすべて壊れないことが条件になるため、建物が安定か不安定かは、さほど検討しません。

一方、部材の接合部を計算上1つずつ壊しながら構造の安全性の限界を確かめる保有水平耐力計算（162頁参照）を行う場合は、安定・不安定は重要な検討要素になります。

建物の構造は静定・不静定・不安定に分かれます

図

安定・不安定の判別式

m＝n＋s＋r−2k≧0…安定
m＝n＋s＋r−2k＜0…不安定

　m：不静定次数
　n：反力数
　s：部材数
　r：剛節接合部数
　k：接点数

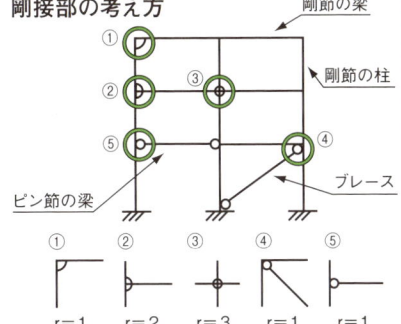

剛接部の考え方

安定・不安定の判別例

① 静定

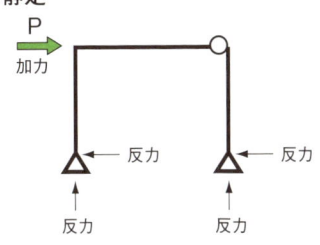

n＝4
s＝3
r＝1
k＝4

m＝4＋3＋1−2×4＝0

② 不静定

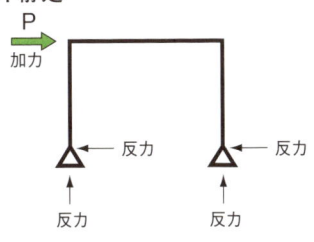

n＝4
s＝3
r＝2
k＝4

m＝4＋3＋2−2×4＝1＞0

③ 不安定

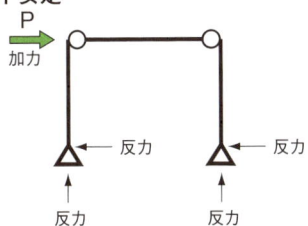

n＝4
s＝3
r＝0
k＝4

m＝4＋3＋0−2×4＝−1＜0

構造計算の結果を表す応力図

応力分布を視覚化する

建物に発生するさまざまな応力を正しく把握するために、構造計算の際には応力分布を図式化します。これを応力図といい、「曲げモーメント図」「せん断力図」「軸力図」の3種類があります。応力を視覚化することで合理的な設計を行いやすくすることができます(図)。

①曲げモーメント図

最も重要な応力図は、曲げモーメント図です。せん断力による破壊は危険なので、この図を確認しながら建物の最終的な耐力が曲げモーメントで決まるように設計します。

また、部材にはたらく曲げモーメントの分布を把握することで、応力があまり大きくない位置を確認して接合部を設計することができます。曲げモーメント図は、一般的には、引張り力が働く側が凸状になるように描きます。

たとえば、ラーメン架構のように両端が固定された梁に等分布荷重がかかる場合、梁の端部では梁の上端に、中央部では下端にそれぞれ引張り力が生じます。

等分布荷重による曲げモーメント図は曲線になり、集中荷重による曲げモーメント図は直線で表されます。

②せん断力図

せん断力図は、部材にかかるせん断力を上下に振り分け、一方を部材上部に、もう一方を部材下部に描きます。

たとえば、単純梁に集中荷重がかかる場合、荷重がかかる点を中心にして上下に等分にせん断力図を描きます。

③軸力図

軸力図は、部材に沿って応力の大きさを描きます。応力は、柱の場合は左右、梁の場合は上下のいずれの方向に描いてもよいのですが、圧縮側には−(マイナス)の記号を、引張り側には+(プラス)の記号を付けます。

応力図には、曲げモーメント図、せん断力図、軸力図の3種類があります

図

曲げモーメントの応力図

① 単純梁等分布荷重

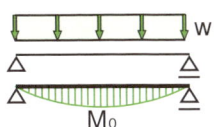

w
M0

② 単純梁集中荷重

P
M0

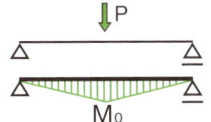

せん断力の応力図

① 単純梁等分布荷重

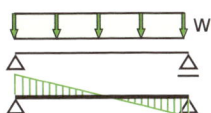

w

② 単純梁集中荷重

P

軸力の応力図

鉛直方向等分布荷重

w

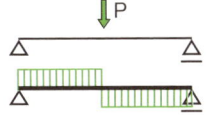

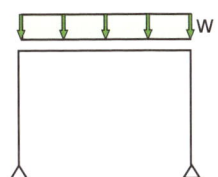

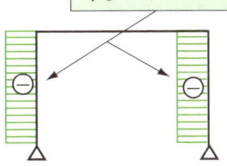

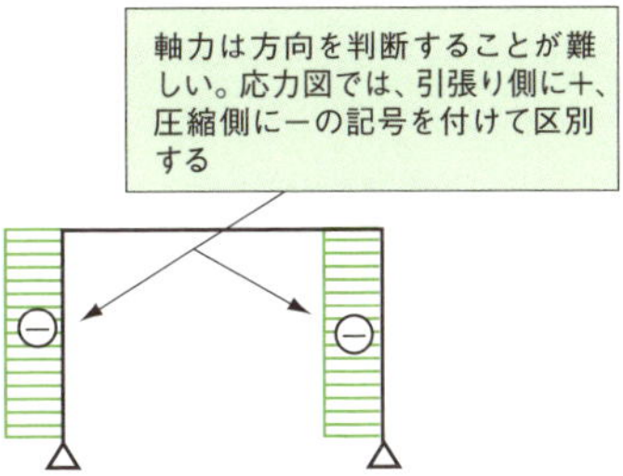

軸力は方向を判断することが難しい。応力図では、引張り側に+、圧縮側に−の記号を付けて区別する
−
−

ラーメン架構の応力図例（曲げモーメント）

① 等分布荷重

w

② 集中荷重

P

w

P

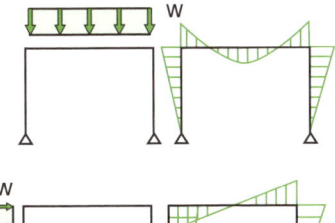

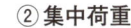

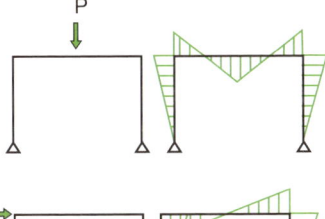

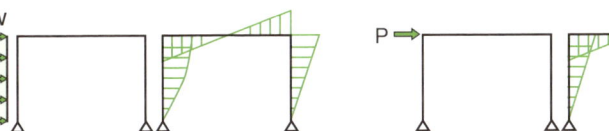

材料の性質で異なる部材の変形

鋼材の変形

部材の変形（ひずみ度）の進み方は、部材の性質によって異なります（図）。

たとえば、鋼材に力を加えると、はじめは部材内部に生じる応力度とひずみ度が比例関係になります。応力度とひずみ度の関係を示すグラフ（応力度－ひずみ度曲線）の直線で表される部分で、この範囲を弾性域と呼びます。弾性域では、部材に力を加えると変形しますが、力を取り除くと元の形に戻ります。

さらに力を加え続けると、ある段階で応力度が一度低下します。この点を降伏点といいます。降伏点を過ぎると部材は力を取り除いても元の形に戻りません。この降伏点以降の範囲を塑性域と呼びます。塑性域では、グラフが緩やかな曲線となります。部材は大きく変形し、最終的には破断して（壊れて）変形が止まります。

木材と鉄筋コンクリートの変形

木材の場合、材に力が加わると、応力度・ひずみ度ともにほぼ比例関係で大きくなり、その後、応力度に対してひずみ度が増大することなく破断に至ります。これは木材がほとんど靭性（ねばり強さ）をもたないためです。

一方、鉄筋コンクリートの場合、力を加えた当初は、応力度とひずみ度が比例関係で大きくなります。その後、コンクリートにひびが入ると、鉄筋が応力を負担するようになり、グラフはやや緩やかになります。さらに力を加え続けると、鉄筋の降伏点を過ぎ、鉄筋が破断するまでグラフは、ほぼ横ばいになります。コンクリートに靭性はありませんが、鉄筋が靭性に富む材のため、このような変形性状となるのです。

応力度とひずみ度が比例する範囲を弾性域と呼びます

図

部材の変形

鋼材

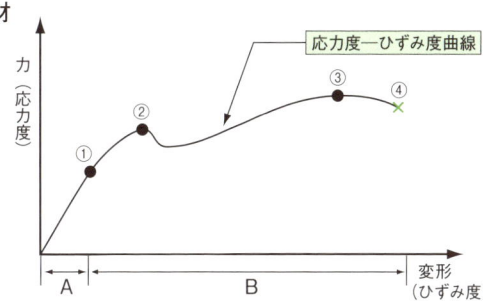

①：弾性限　　A：弾性域
②：降伏点　　B：塑性域
③：引張り強さ
④：破断点

木材

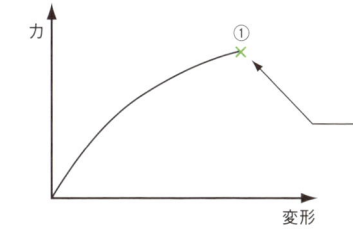

木材は塑性域に至らずに材が破断してしまう（脆性破壊）

①：破壊点

鉄筋コンクリート

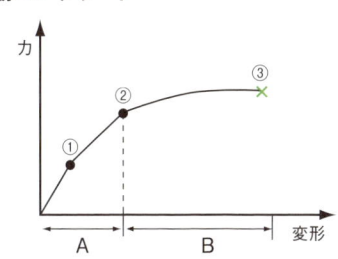

①：コンクリートのひび割れ点　　A：弾性域
②：鉄筋の降伏点　　　　　　　　B：塑性域
③：鉄筋の破断点

構造計算の基礎となる断面の性質

断面の性質を数値化する

部材に発生する応力の計算や断面の安全性の確認のために、断面の性質を数値化する必要があります。建物の構造計算をする際に、最低限押さえておくべき断面の性質は、断面積、断面2次モーメント、断面係数、断面2次半径、幅厚比の5つです。

形状によって断面の性質は異なります。形状別に、断面の性能を求める算定式が定められています（図）。

(1) 断面積（A）

断面積は、軸力やせん断力を求めるのに必要です。形鋼などの断面積を求める場合、計算対象となる力に応じて断面部分を決めなければなりません。たとえばH形鋼のせん断力を計算する場合は、断面積にフランジ部分は含みません。せん断力に有効な部分はウエッブであり、フランジ部はせん断力を負担しないためです。

(2) 断面係数（Z）

断面係数は、断面最外縁の応力度を算出するときに用います。最外縁の応力度は、鉄骨造の断面や鉄筋コンクリート造のひび割れを計算するときなどに必要となります。

(3) 断面2次モーメント（I）

断面2次モーメントは、曲げ剛性を求めるのに必要になります。値が大きいほど部材は曲げに対して強くなります。

部材が複雑な断面形状をもつ場合は、計算しやすいかたちに分けて断面2次モーメントを算出し、それらを足し引きして算出します。

(4) 断面2次半径（i）

断面2次半径は、座屈に関係する性能を表し、細長比（λ）を算出するために用います。細長比は、柱などの圧縮部材の安全性を確認する指標です。

(5) 幅厚比

幅厚比は、局部的な座屈が起きないことを確認する指標で、値が大きいほど座屈しやすくなります。H形鋼のフランジ部分の座屈性能を確認するときなどに用います。

> 建物の安全性は、断面の性質を数値化して検討します

図

算定式

基本の公式

① 断面積A　　　$A = B \times H$

② 断面係数Z　　$Z = \dfrac{1}{6} B \times H^2$

③ 断面2次モーメントI　$I = \dfrac{1}{12} B \times H^3$

④ 断面2次半径i　$i = \sqrt{\dfrac{I}{A}}$

⑤ 幅厚比　　$\dfrac{b}{t}$

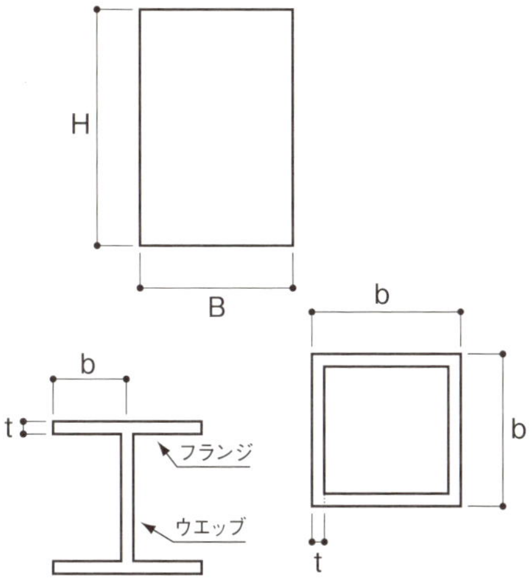

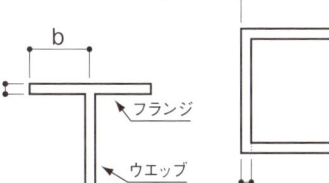

特殊な形状の考え方

円形の場合

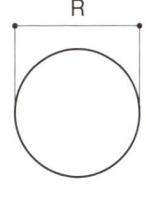

① 断面積　　$A = \pi \dfrac{R^2}{4}$

② 断面係数　$Z = \pi \dfrac{R^3}{32}$

③ 断面2次モーメント

　$I = \pi \dfrac{R^4}{64}$

H形の場合

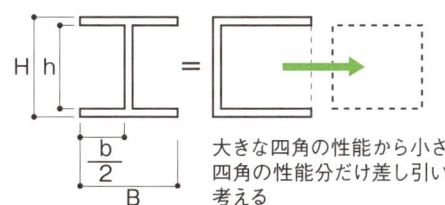

大きな四角の性能から小さな四角の性能分だけ差し引いて考える

① 断面積　　$A = B \times H - b \times h$

② 断面係数　$Z = \dfrac{1}{6} B \times H^2 - \dfrac{1}{6} b \times h^2$

③ 断面2次モーメント

　$I = \dfrac{1}{12} B \times H^3 - \dfrac{1}{12} b \times h^3$

コラム

新しい構造形式

　ラーメン構造やトラス構造など、構造形式を表す名称はたくさんあります。ただしこれらは便宜的に付けられているだけで、厳密にはさまざまな構造的特徴が重なって1つの形式と考えられています。したがって、基本的な構造形式をマスターしたら、今度はあまり構造形式にとらわれずに構造の成り立ちを考えることが重要です。

　写真の事例は、傘を積み重ねてつくった構造です。傘の骨をトラス（ドーム）状に組んで形をつくっています。傘の細い骨では、自重による圧縮力で座屈しますが、傘の膜にテンションを生じさせることで細い傘の骨の座屈が防止されています。これはトラス構造と膜構造を併用した構造形式となります。

傘でつくったドーム

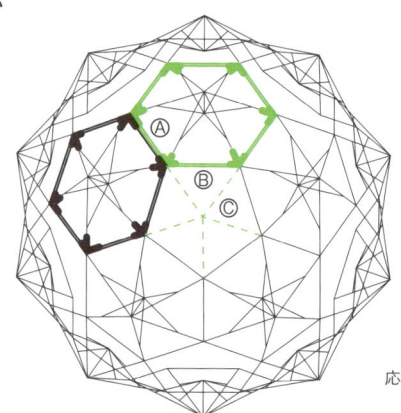

Ⓐ 2本の骨どうしを束ねる
Ⓑ 骨組みが1本
Ⓒ 布どうしをジッパーで接合

応力解析時のイメージ図

全景。傘の布が張っている部分と緩んでいる部分が分かる

内観。細い骨でトラスのドームがつくられているのが分かる

第 2 章

建築の材料と構造

木材・鉄・コンクリートが代表的な建築材料

代表的な建築構造材料

建築の主要な構造材料は、木材、鉄鋼、コンクリートの3つです。ただし、これらの材料であればなんでも使用してよいわけではありません。

木材はJAS（日本農林規格）の、鉄鋼とコンクリートはJIS（日本工業規格）の規格品を用いて設計するよう建築基準法に定められています（図1）。

鉄鋼やコンクリートのほかに建築材料として使えるJIS規格品に、ステンレスやアルミなどがあります。JISやJASの規格外のものでも、大臣認定を取得すれば構造材料として使用することができます。なお、木材はJASの規格品以外にも、無等級材と呼ばれる材が建築基準法で規定されており、構造材として使用することができます。

建築構造材料の検討

建築の構造計算で用いられる許容応力度計算（160頁参照）とは、材料の許容応力度が部材に生じる応力度以上であることを確かめる手法です。そのため、使用する材料がどの程度の許容応力度を持っているかを把握することが重要になります。

材料の許容応力度の算出方法は建築基準法施行令で規定されています。圧縮、引張り、曲げ、せん断の4つの基準強度に建築基準法で定められた係数を乗じて、許容応力度を求めます。

なお、係数は長期用と短期用の2つがあり、短期用は長期用より大きくなっています。

強度以外にも、構造材料にはさまざまな性質があります。構造材の選択は、建物の安全性だけでなく、居住性などにも影響を与えるため、構造材料がもつ性質を考慮しながら、設計プランや居住スタイルなどに合った構造材を選ぶ必要があります。

検討すべき項目には、①比強度（単位重量当たりの強度）、②熱伝導率、③蓄熱性、④透湿性、⑤遮音性、⑥耐火性、などがあります（図2）。

> 許容応力度の算出方法は、建築基準法施行令で規定されています

図1

代表的な構造材料

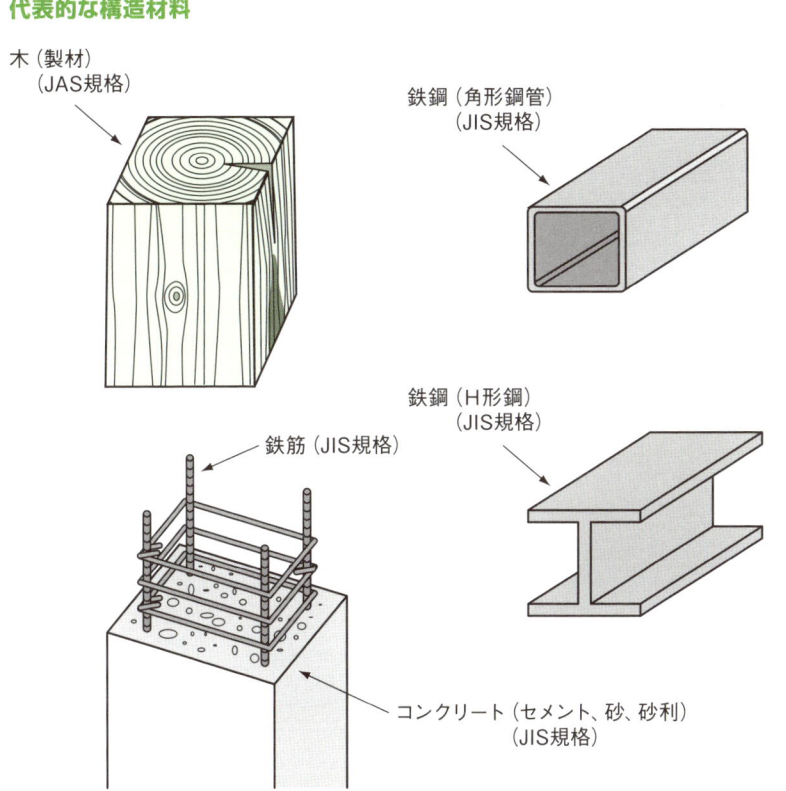

- 木（製材）（JAS規格）
- 鉄鋼（角形鋼管）（JIS規格）
- 鉄鋼（H形鋼）（JIS規格）
- 鉄筋（JIS規格）
- コンクリート（セメント、砂、砂利）（JIS規格）

図2

構造材料として考慮すべき性能

性　能	内　　容
強　度	外力に対する強さ（機械的性質）
比強度	強度を比重で除した値。比強度が大きいほど軽くて強い材料
熱伝導率	熱の伝わりやすさ（鋼材は熱を伝えやすい）
蓄熱性	熱をためる性能（コンクリートは熱を長い間ためる）
透湿性	湿気を透過・放出させる性能（木材は湿気を調整する）
遮音性	音を遮断する性能
耐火性	火（火災）に対する抵抗能力

木材(製材)と木質材料

木材の性質

木材(製材)は、繊維方向の強度が高く、半径方向や接線方向の強度が低いという性質をもっています。また、同じ樹種のなかでも強度や特性にばらつきがあります。木は成長過程でねじれや節、割れなどが生じるため、工業製品のように均質な部材にはならないのです(図1)。

木材に含まれる水分の割合(含水率)によって強度が異なるのも重要な特徴です。同じ樹種であれば含水率が低いほど強度が高くなります。構造材として木材を使用する場合、含水率を12〜15％程度になるまで乾燥させておくことが必要です。

木材の材料強度

構造用製材は、目視等級区分・機械式等級区分・無等級の3つの区分があり、それぞれ圧縮、引張り、曲げ、せん断などの基準強度が定められています(図2)。

目視等級区分は、JASの強度等級区分の1つです。梁など曲げ部材に用いる甲種と柱などの圧縮材に用いる乙種があり、それぞれが1、2、3級に分かれています。

機械式等級区分は、JASの強度区分の1つで、機械でヤング係数を確認して等級を決めています。無等級は、JAS規格以外の材料で、樹種と強度が建築基準法施行令で定められています。

木材の弱点を補う木質材料

木材の「強度・品質のばらつき」といった弱点を補うのが、構造用集成材、構造用合板、単板積層材といった木質材料です(図3)。

構造用集成材は、5〜50mm程度のひき板(ラミナ)を繊維方向を変えながら積層した材料で、梁や柱などに使用されます。構造用合板は、5〜15mmの単板(ベニア)を繊維方向を変えながら積層した材料です。単板積層材は、2〜6mm程度の単板を、繊維方向をそろえて積層した材料で、一般にLVLと呼ばれます。

> 製材の材料強度区分には、目視等級区分、機械式等級区分、無等級の3つがあります

図1

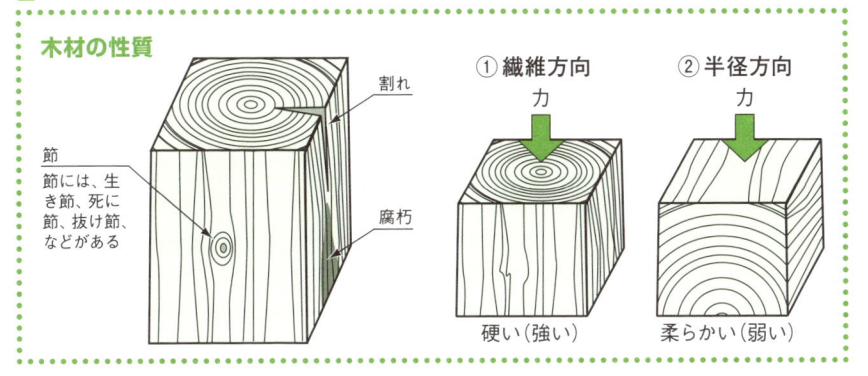

木材の性質

- 割れ
- 節：節には、生き節、死に節、抜け節、などがある
- 腐朽

① 繊維方向：力 → 硬い（強い）
② 半径方向：力 → 柔らかい（弱い）

図2

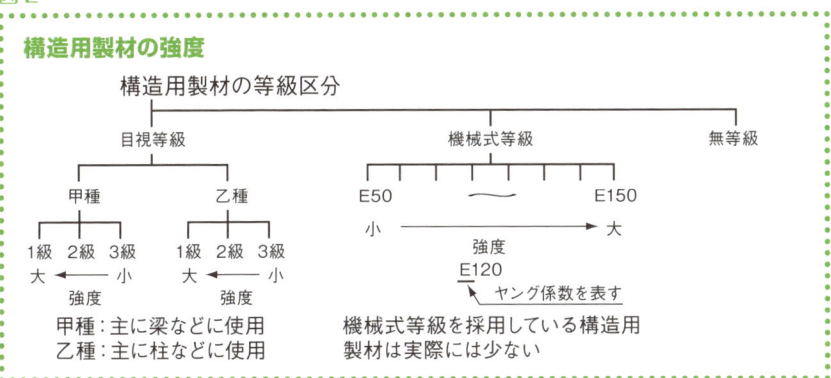

構造用製材の強度

構造用製材の等級区分
- 目視等級
  - 甲種
    - 1級　2級　3級
    - 大 ← 小　強度
  - 乙種
    - 1級　2級　3級
    - 大 ← 小　強度
- 機械式等級
  - E50 ～ E150
  - 小 → 大　強度
  - E120 ← ヤング係数を表す
- 無等級

甲種：主に梁などに使用
乙種：主に柱などに使用

機械式等級を採用している構造用製材は実際には少ない

図3

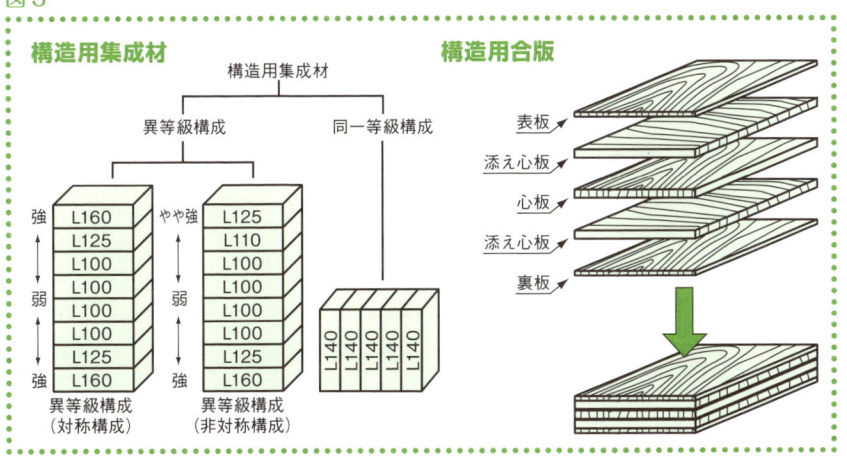

構造用集成材

構造用集成材
- 異等級構成
  - 異等級構成（対称構成）
    - 強 L160 / L125 / L100 / L100 / L100 / L100 / L125 / L160 強
  - 異等級構成（非対称構成）
    - やや強 L125 / L110 / L100 / L100 / L100 / L100 / L125 / L160 強
- 同一等級構成
  - L140 / L140 / L140 / L140

構造用合板

- 表板
- 添え心板
- 心板
- 添え心板
- 裏板

火と錆(さび)への対策が必要な鋼材

鉄鋼の特徴

鋼材は、コンクリートや木材と比べて強度が高く、ねばり強いという特長があります。

一方、鋼材は熱を受けると膨張する性質をもっています。また、長時間、熱にさらされると強度や剛性(ごうせい)が著しく低下するため、鋼材に被覆して(耐火被覆(たいかひふく))火災から守る必要があります。また鋼材は錆びやすいため、構造材に使用する場合は、防錆(ぼうせい)処理が欠かせません。

構造材料として使用される鋼材は、通常、JIS規格材を使います。

建築の構造材料で用いる主な規格材には、SN材と呼ばれる建築構造用圧延(あつえん)鋼材、SS材と呼ばれる一般構造用圧延鋼材、SM材と呼ばれる溶接構造用圧延鋼材などがあります。

鋼材の種類は、SS400などのように、アルファベットと数字で分類し、アルファベット部分が鋼材の種類、数字部分がその鋼材の引張り強度を示しています。つまりSS400とは、SS材で引張り強度が400N／㎟以上のものを指しています。

建築構造に使用する鋼材の形状には、H形鋼、I形鋼、山形鋼、溝形鋼、鋼管、平鋼、棒鋼、鋼板などがあります。

工場のグレード

鋼材は、現場では加工しづらい材料のため、工場で部材を加工し、建築現場で組み立てるのが基本です。

鉄鋼工場は、加工できる鋼材の種類や建築物によって、SグレードからJグレードまで5つのグレードに分かれています。設計する建物規模や予算などを考慮しながら、工場を選択する必要があります。工場によって得意・不得意な加工があるため、特殊な形状の建物を設計する場合などは、加工が可能かを事前に確認しておくことが大切です(図)。

鉄鋼は強度が高い材料です

鋼管　角型鋼　H型鋼

図

鋼材の種類

鋼材等種別		主な使用範囲
建築構造用圧延鋼材	SN400A	塑性変形性能を期待しない部位、部材に使用。溶接を行う構造耐力上主要な部分への使用はしない
	SN400B SN490B	一般の構造部位に使用
	SN400C SN490C	溶接加工時を含め、板厚方向に大きな引張応力を受ける部位・部材に使用
建築構造用圧延棒鋼	SNR400A SNR400B SNR490B	アンカーボルト、ターンバックル、ボルトなどに使用
一般構造用圧延鋼材	SS400	SN材に規格がない鋼材に使用
溶接構造用圧延鋼材	SM400A SM490A	SN材の補完材料
	SM490B	SN材の補完材料
建築構造用炭素鋼管	STKN400W STKN400B STKN490	パイプトラス構造部材、パイプ鉄塔、工作物、梁貫通孔に使用
一般構造用炭素鋼管	STK400	STKN材の補完材料に使用
	STK490	STKN材の補完材料として応力の大きな部材に使用
一般構造用角形鋼管	STKR400 STKR490	軽微な構造物の柱、工作物に使用
一般構造用軽量形鋼	SSC400	仕上材取付用2次部材、工作物に使用

『建築鉄骨設計基準・同解説』（建設大臣官房官庁営繕部・監修）をもとに作成

鋼材の形状

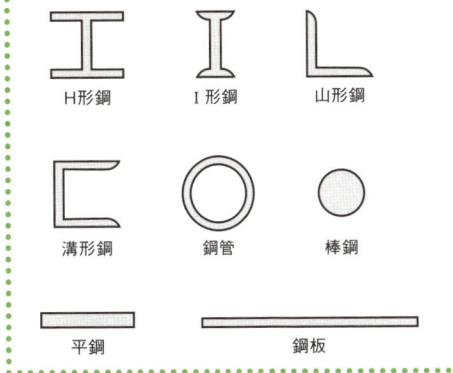

H形鋼　I形鋼　山形鋼
溝形鋼　鋼管　棒鋼
平鋼　鋼板

工場のグレード

グレード	鋼種&板厚
S	作業条件を 自主的に計画
H	400、490、520 60mm以下
M	400、490 40mm以下
R	400、490 25mm以下
J	400 16mm以下

鉄筋で補うコンクリートの欠点

構成材料

　一般に建設用に使われるコンクリートとは、セメント、骨材（砂や砂利）、水で構成される材料です。このセメント系のコンクリート以外に、コンクリートにはさまざまな種類がありますが、建築の構造材料には使われません。

　セメントは水を混ぜると硬化する性質をもっており、硬化反応の際に、水和熱という熱を発生します。一般に、セメントの粒子が細かければ細かいほど早く固まります。

　砂や砂利などの骨材は、コンクリート容積の大半を占めるため、清浄で堅硬なものを選びます。砂は山砂を使うことが一般的でしたが、近年、手に入りにくいため、海砂を使用することも多くなってきました。鉄筋コンクリートの骨材として海砂を使用する場合は、砂に含まれる塩分で鉄筋が錆び、コンクリートにひび割れが起きる可能性があるため、十分に除塩したものを使用します（図1）。

構造材料としての特性

　コンクリートは、圧縮強度が非常に高く、逆に引張り強度が極端に低いという構造的な特徴をもっています。コンクリートの引張り強度は、圧縮強度の約1／10しかありません。

　このような、コンクリートの構造的な弱点を鉄筋で補ったものが、鉄筋コンクリートです。鉄筋コンクリート造を構造計算する場合は、コンクリートと組合わせた鉄筋の引張り強度のみを考慮し、コンクリート自体の引張り強度は考慮しません（図2）。

　このほか、鉄筋コンクリートは、単位当たりの重量が23〜24kN／㎥と重く、断面も大きいため、構造躯体として用いる場合は、地盤が強固であることが重要になります。

> 鉄筋コンクリートでは、鉄筋が引張り力を負担します

図1

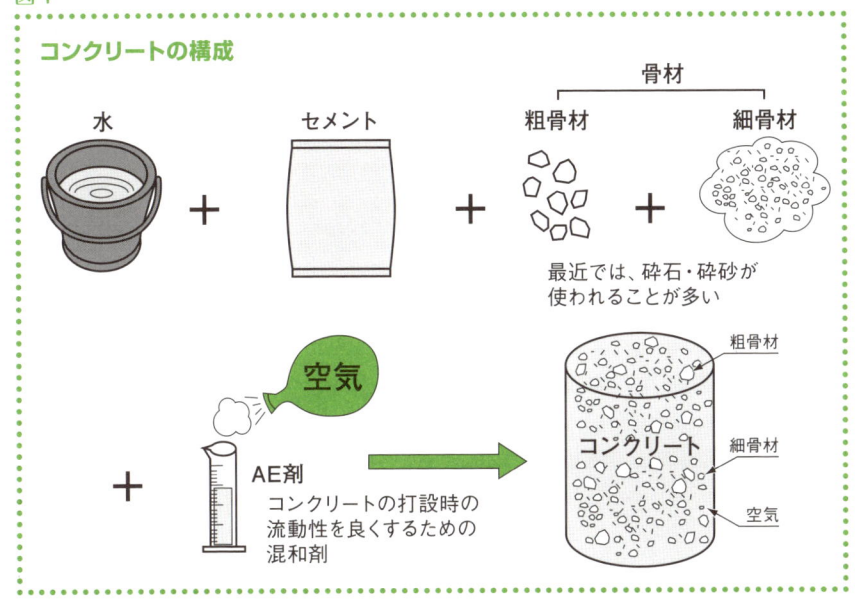

コンクリートの構成

水 ＋ セメント ＋ 骨材（粗骨材 ＋ 細骨材）

最近では、砕石・砕砂が使われることが多い

＋ AE剤（空気）→ コンクリート（粗骨材・細骨材・空気）

AE剤：コンクリートの打設時の流動性を良くするための混和剤

図2

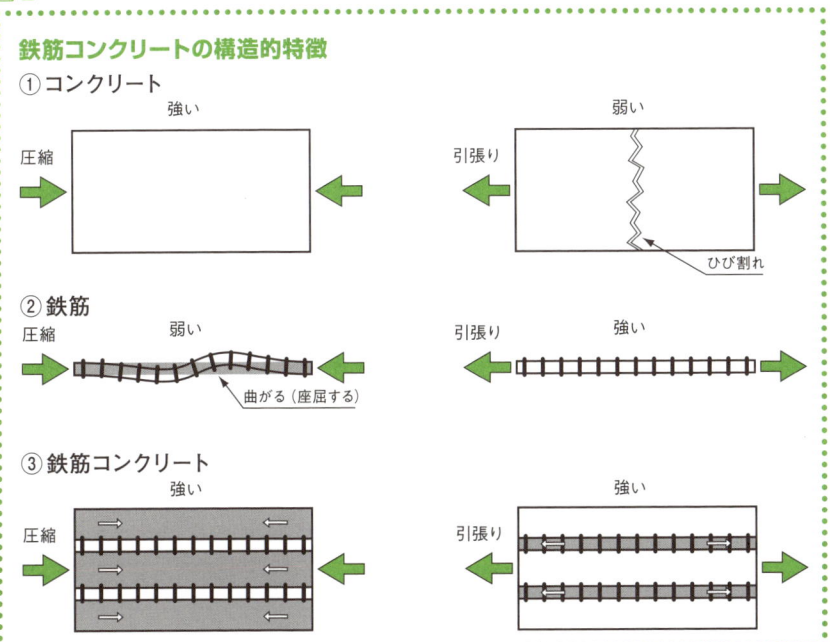

鉄筋コンクリートの構造的特徴

① コンクリート
- 圧縮：強い
- 引張り：弱い（ひび割れ）

② 鉄筋
- 圧縮：弱い（曲がる（座屈する））
- 引張り：強い

③ 鉄筋コンクリート
- 圧縮：強い
- 引張り：強い

コンクリートの耐久性は乾燥収縮と中性化防止がカギ

乾燥収縮と中性化

　水とセメントや骨材などで構成されるコンクリートは、打設から時間が経つと乾燥収縮します。乾燥収縮はひび割れなどの原因となり、建物の耐久性を低下させるため、できるだけ乾燥収縮を抑えます。乾燥収縮の度合いを決める要因には、水の量やセメントの量と粒の大きさ（粉末度）、混和剤の選択、養生の方法などがあります。

　特に大きく影響するのが水の量です。コンクリートをつくるときに用いる水の量の割合（単位水量）を減らすと乾燥収縮を小さくすることができます。

　また、コンクリートはアルカリ性のため、鉄筋コンクリートでは、コンクリート自体が鉄筋の防錆の役割を果たします。しかし、空気中の炭酸ガスの影響で、コンクリートの中性化が進むと、アルカリ性が弱まるため、なかの鉄筋が錆びやすくなります。鉄筋が錆びるとひび割れや強度の低下につながります。

　コンクリートの中性化は避けられませんが、セメントの量や混和剤の選択により中性化の速度を遅くすることが可能です。

品質管理の目安

　コンクリートは現場で打設することが多いため、強度や施工性を確保するためには現場での品質管理が重要になります。

　コンクリートの調合を確認する指標に、単位水量、水セメント比、単位セメント量、空気量、塩化物量があります。単位水量185kg／㎥以下、水セメント比65％以下、単位セメント量270kg／㎥以上、空気量5％程度、塩化物量0.3kg／㎥以下がよいコンクリートをつくる目安となります。

　コンクリートの施工性を確認する指標にスランプ値があります。スランプ値はコンクリートの軟らかさの程度（流動性）を表しますが、品質と施工性を確保するために、12〜21の範囲に納まるようにします。単位水量をあげると、コンクリートは軟らかくなり打設しやすいですが、強度が低下します。単位水量を抑えて流動性を向上させるために、ＡＥ剤やＡＥ減水剤などを用います（図）。

> コンクリートの強度や施工性は現場での品質管理が重要です

図

生コンクリートの性質

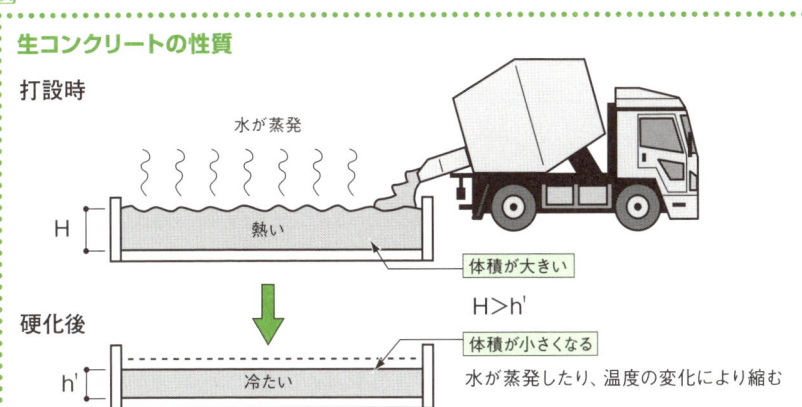

打設時
- 水が蒸発
- H
- 熱い
- 体積が大きい

硬化後
- h'
- 冷たい
- 体積が小さくなる
- H > h'
- 水が蒸発したり、温度の変化により縮む

コンクリートの中性化

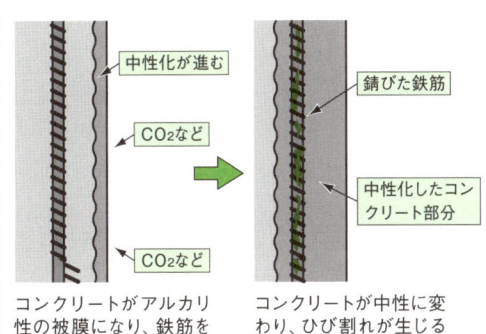

- 中性化が進む
- CO_2など
- 錆びた鉄筋
- 中性化したコンクリート部分

コンクリートがアルカリ性の被膜になり、鉄筋を保護するはたらきをする

コンクリートが中性に変わり、ひび割れが生じると鉄筋が錆びる

コンクリートの性質を確認する指標

検討項目	基準値
単位水量	最大185kg/㎥
水セメント比	最大65%
単位セメント量	最大270kg/㎥
空気量	4.5%±1.5%
塩化物量	0.30kg/㎥以下
スランプ	8〜18cm±2.5cm
粗骨材の最大寸法	砂利 25mm 砕石 20mm

スランプ値の確認

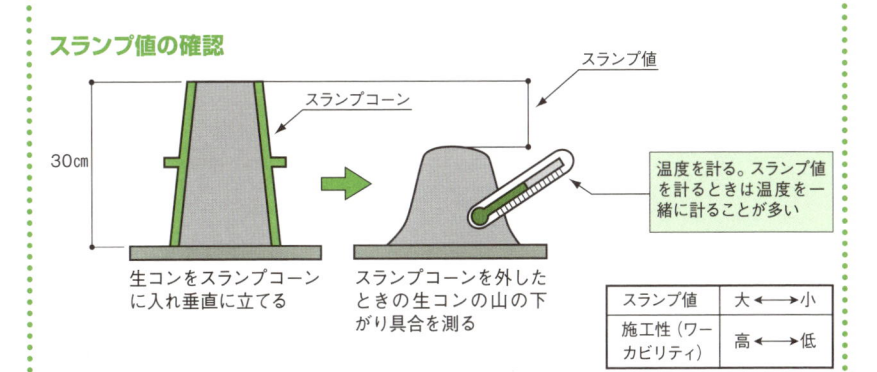

- スランプ値
- スランプコーン
- 30cm

生コンをスランプコーンに入れ垂直に立てる

スランプコーンを外したときの生コンの山の下がり具合を測る

温度を計る。スランプ値を計るときは温度を一緒に計ることが多い

スランプ値	大 ⟷ 小
施工性（ワーカビリティ）	高 ⟷ 低

建築の材料と構造

日本の木造住宅で最も多い在来軸組構法

在来軸組構法の特徴

　在来軸組構法は、柱などの軸材と梁・桁などの横架材で架構する構法で、木造住宅で最も多く使われています（図）。

　軸組を構成する柱や梁は、鉛直荷重を負担しますが、水平力に対してはほとんど抵抗要素になりません。そのため、筋かいなどの耐力壁を設けて水平力に抵抗させるよう設計します。

　部材の接合部は仕口・継手といいます。かつては大工が手で刻んで加工していましたが、現在はプレカット工場で機械加工されることがほとんどです。

　柱—梁、梁—梁、柱—土台・基礎などの構造上主要な接合部は、構造金物で補強することが建築基準法で定められています。

　なお、在来軸組構法と同じように、躯体を木材の柱・梁で構成し、接合部などに釘や金物をできるだけ使用しないで架構する構法を、伝統構法といいます。

構造設計上の注意点

①金物の配置

　木材同士の接合部は、乾燥収縮やめり込みなどが発生するため、構造的に安定しません。そのため金物の正しい使用が重要になります。金物の耐力や設置位置などは、建築基準法の仕様規定やN値計算で確認します。

②耐力壁の配置

　建物が水平力を受けると耐力壁に力が集中しますが、耐力壁の量や配置のバランスが悪いと建物がねじれるおそれがあります。耐力壁の量は壁量計算、配置は4分割法で確認します。

③床の剛性の確保

　建物が受けた力は、柱や梁、壁だけでなく床にも流れます。床が力を確実に伝達するためには、ある程度の剛性が必要となります。床には、火打材や構造用合板などを取り付けて剛性を確保することが建築基準法で義務付けられています。

> 在来軸組構法は、柱と梁・桁などの横架材で架構する構法です

図 在来軸組構法の部材名称

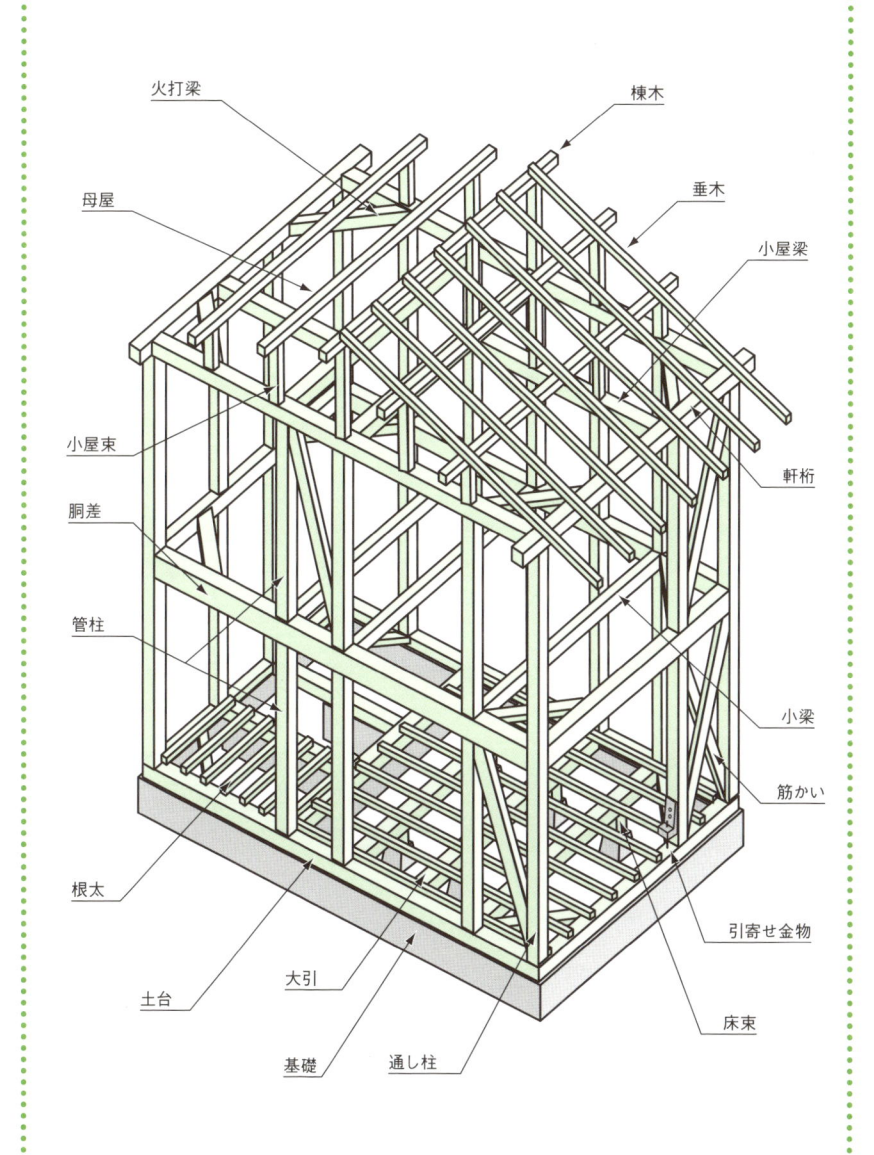

- 火打梁
- 棟木
- 母屋
- 垂木
- 小屋梁
- 小屋束
- 軒桁
- 胴差
- 管柱
- 小梁
- 筋かい
- 根太
- 引寄せ金物
- 土台
- 大引
- 床束
- 基礎
- 通し柱

北米から伝わった枠組壁工法

枠組壁工法の特徴

　枠組壁工法は、1974年に北米から伝えられた外来の工法です（図）。数種類の断面の材で軸組を構成します。断面が2インチ×4インチの2×4（ツーバイフォー）材が多用されたため、ツーバイフォー工法と呼ばれます。2インチは約50mmですが、実際に使われる2×4材は、小さめの38mm×89mmとなっています。2×4のほかに2×6、2×8、2×10材なども用いられます。

　枠組壁工法では、在来軸組構法と同様に、柱や横架材が鉛直荷重を、耐力壁が水平力を負担するように設計します。壁量については、日本に工法が持ち込まれた際に、建築基準法の壁量計算を満たすように仕様が決められています。

　接合部は、在来軸組構法の仕口・継手のような特殊な加工をせず、基本的に釘と金物で留める仕様となっています。

　このほか、床や壁、屋根など、各部位で使用する部材の寸法と間隔などが細かく規定されています。

厳格な耐力壁の規定

　枠組壁工法は、耐力壁が構造上重要な要素であるという設計思想のため、在来軸組構法と比べて、耐力壁の仕様がより厳密に規定されています。

　たとえば、一定以上の耐力壁が存在する構面である耐力壁線の配置の考え方などは、在来軸組構法には見られないものです。枠組壁工法では、隣り合う耐力壁線の間隔（耐力壁線間距離）を12m以下としなければなりませんし、耐力壁線で囲まれた部分の水平投影面積は40㎡以下でなければなりません。このように在来軸組構法と比べて、耐力壁の配置に自由度が少なくなりますが、その代わりに、堅固な建物になります。

　さらに、耐力壁に開口部を設ける場合、1つの開口部の幅を4m以下とするだけでなく、任意の耐力壁線上にあけてよい開口部の幅が耐力壁線の長さの3／4以下と定められています。

> 枠組壁工法には、耐力壁の配置や量、開口部の大きさなどの規定があります

図

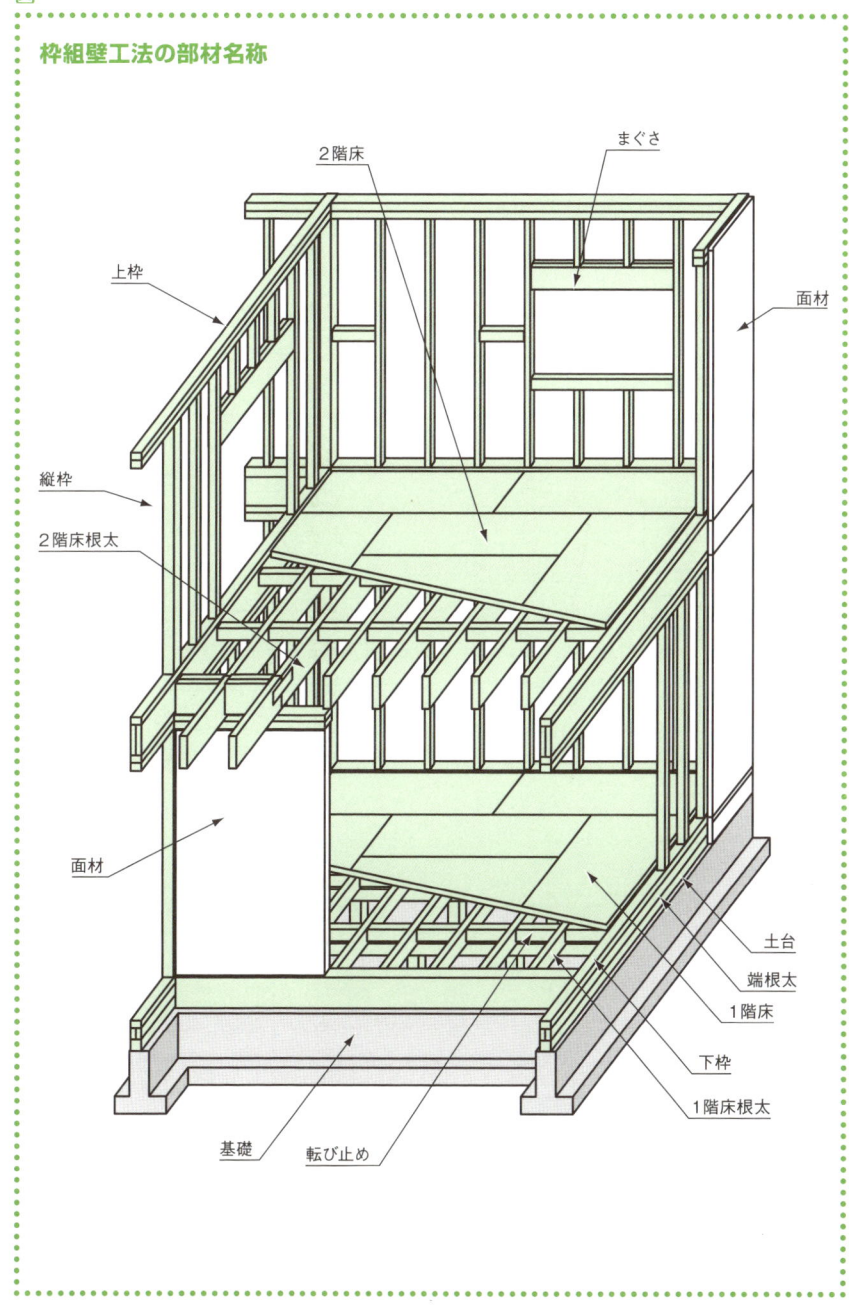

枠組壁工法の部材名称

- 2階床
- まぐさ
- 上枠
- 面材
- 縦枠
- 2階床根太
- 面材
- 土台
- 端根太
- 1階床
- 下枠
- 1階床根太
- 基礎
- 転び止め

2 建築の材料と構造

そのほかの木造の構法

大断面集成材構法

材料断面の短辺が15cm以上で、かつ断面積が300cm²以上の大断面をもつ構造用集成材を用いて軸組をつくる構法で、大断面木造とも呼ばれます。

山形ラーメンや半球形ドームなどの構造形式を採用することで、木造でも大スパン、大空間をつくることができます。近年では、小学校などの公共施設の設計などに用いられることが多くなっています（図1）。

木質プレファブ構法

木質プレファブ構法とは、床や壁、屋根となる木質複合パネルを工場で製作して、現場で組み立てる構法です。大量生産の住宅に用いられます。

柱や梁に当たる部材を使わずにすべてパネルで構成する方式以外に、柱・梁などの軸組と床・壁・屋根などのパネルを併用する方式、建物を箱状のユニットに分けて、工場で製作して現場で組み立てる方式などがあります。一般に、ボルトで接合するため、特殊な技術が必要なく、また短期間での施工が可能です。

階数や使用できる材料、構造計算の方法などが建築基準法施行令で規定されています（図2）。

丸太組構法

丸太組構法とは、丸太や角材を井桁状に積み上げて壁をつくる構法で、校倉造りとも呼ばれます。ログハウスなどに用いられます。

壁と壁が交差する部分はノッチと呼ばれる欠込みを入れ、かみ合わせて固定します。地震に配慮し、かみ合わせ部分を軸ボルトと打込み鉄筋やダボで補強するよう規定されています。

丸太組構法で一定規模を超える建物をつくる場合、建築基準法施行令に定められた構造計算方法で構造の安全性を確認しなければなりません（図3）。

> 集成材構法は大型の建物に用いられます

図1

大断面集成材構法

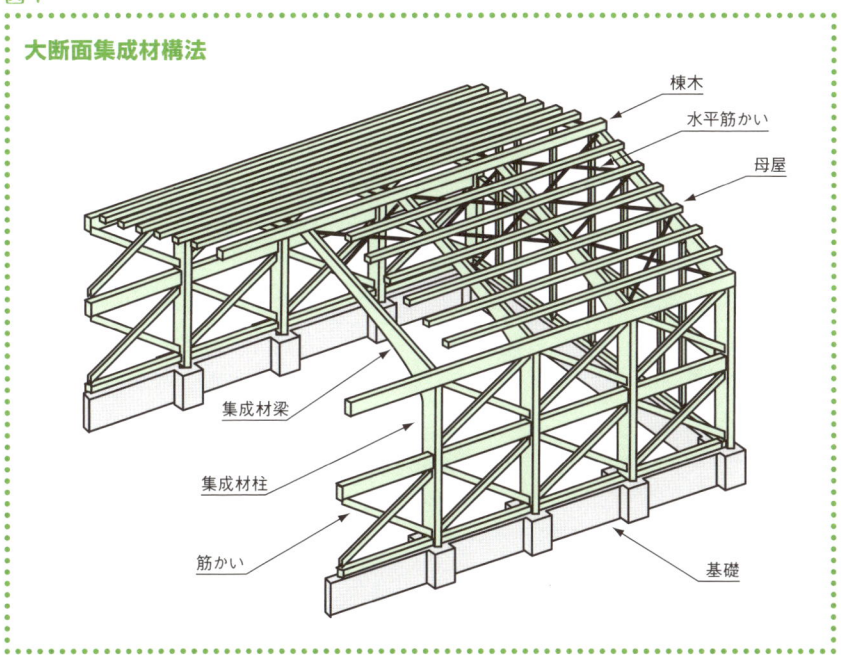

- 棟木
- 水平筋かい
- 母屋
- 集成材梁
- 集成材柱
- 筋かい
- 基礎

図2

木質プレファブ構法

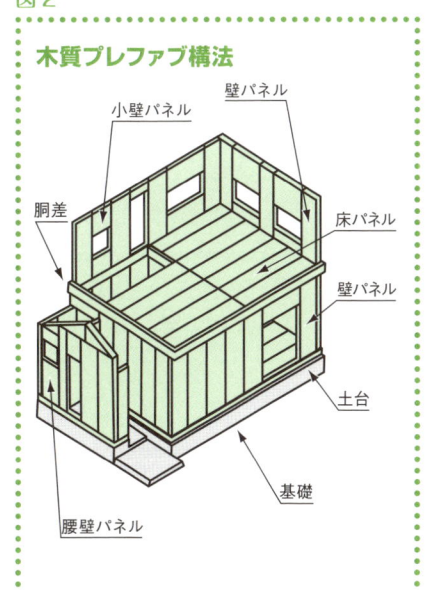

- 小壁パネル
- 壁パネル
- 胴差
- 床パネル
- 壁パネル
- 土台
- 基礎
- 腰壁パネル

図3

丸太組構法

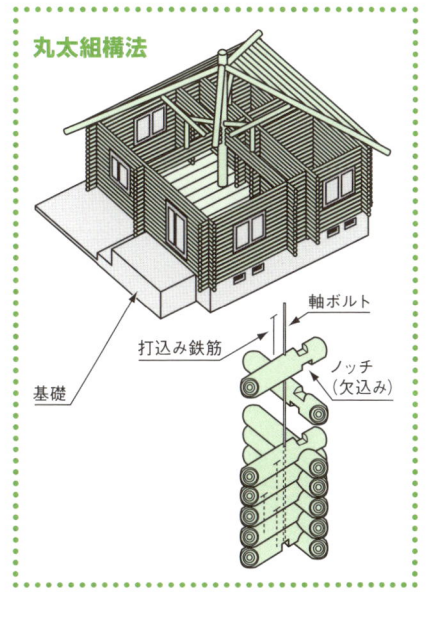

- 基礎
- 打込み鉄筋
- 軸ボルト
- ノッチ（欠込み）

051

高層建築物に使われる鉄骨造

鉄骨造の特徴

　柱・梁などの構造躯体に鉄鋼を用いた建物を鉄骨造といいます。木造の在来軸組構法と同様に、柱・梁などを接合しながら架構します。鉄骨は重さ当たりの強度である比強度が高いため、大スパンの建物や超高層建物などに採用されます。

　鉄骨造で一般的に用いられる構造形式には、接合部を剛接合とした鉄骨ラーメン構造と、接合部をピン接合にし、ブレースなどで柱や梁を固定するブレース構造があります。このほかに、トラス構造や山形ラーメン構造などもあります（図）。

　鋼材には、H形鋼、鋼管、溝形鋼、Cチャンと呼ばれるリップ溝形鋼、アングルと呼ばれる等辺山形鋼や不等辺山形鋼などがあります。

　これらの部材を接合する方法には、溶接接合、普通ボルト接合、高力ボルト接合、また、ごくまれに使用するリベット接合があります。

構造設計上の注意点

　鉄骨造の構造設計で最も注意すべきなのは座屈です。座屈とは、部材に軸方向の力が加わったとき急に材の一部がはらむように変形する現象です。断面が小さく長い柱に大きな圧縮力がかかると座屈しますが、梁に大きな曲げ応力が発生しても座屈することがあります（横座屈という）。

　座屈を防ぐには、部材の幅厚比を小さくする、梁ならば小梁などの横補剛材で補強するなどの対応が必要です。幅厚比とは、部材の幅に対する厚みの比率です。

　梁のたわみ量にも規定があり、通常の梁では、スパンの1／250以下になるように設計します。ただし片持ち梁はスパンの1／300以下となるようにします。

　高力ボルトなどで部材どうしを接合する場合は、ボルト孔が断面欠損となるので、注意が必要です。引張り材として使用する場合は、断面積から欠損分を除いた有効断面積で引張り強度を求めます。

> 材料の比強度が高い鉄骨造は大スパンや高層の建物に用いられます

図

鉄骨造（ラーメン構造）

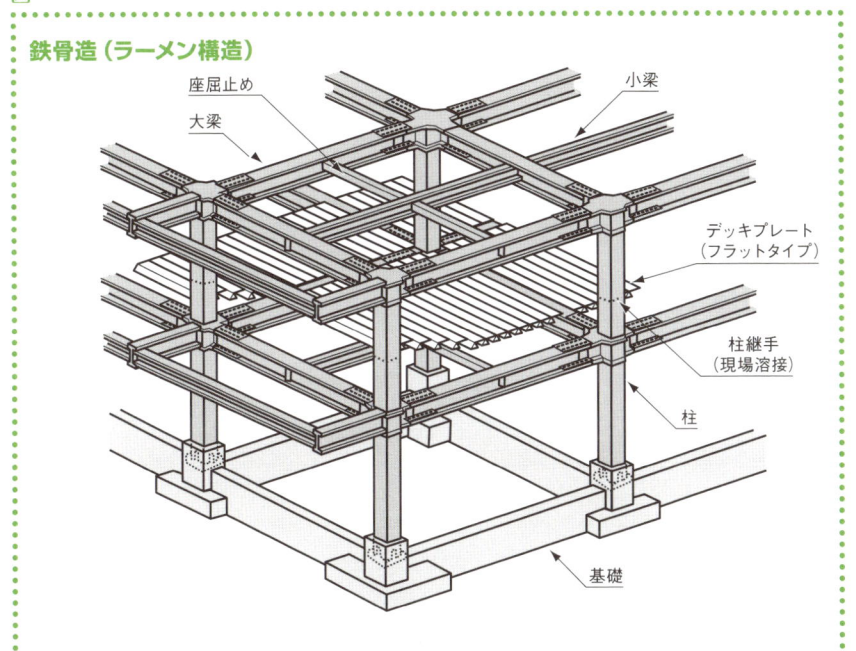

- 座屈止め
- 大梁
- 小梁
- デッキプレート（フラットタイプ）
- 柱継手（現場溶接）
- 柱
- 基礎

鉄骨造（ブレース構造）

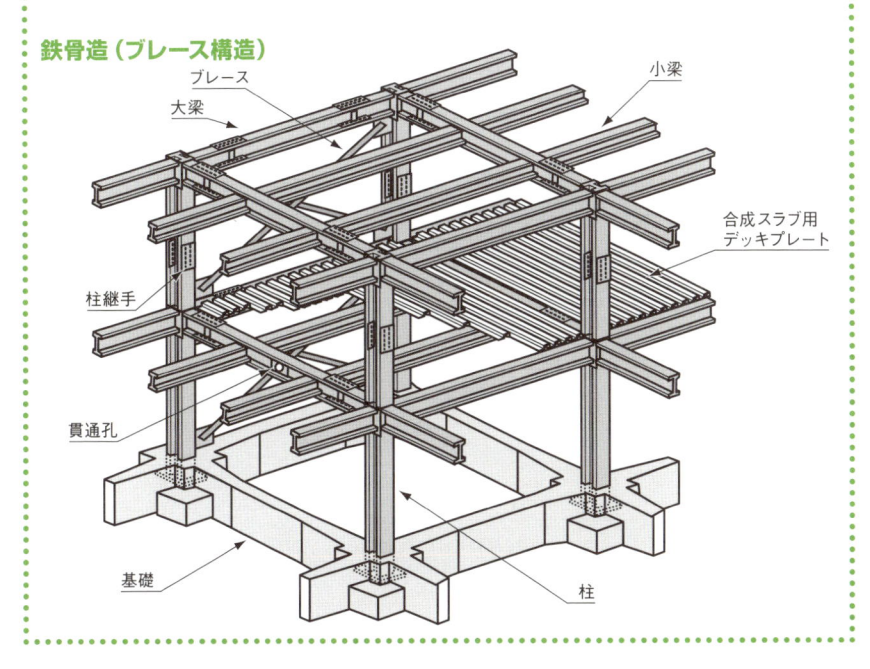

- ブレース
- 大梁
- 小梁
- 合成スラブ用デッキプレート
- 柱継手
- 貫通孔
- 基礎
- 柱

自由な形状をつくりやすい鉄筋コンクリート造

鉄筋コンクリート造の特徴

　柱・梁・床などすべての構造躯体が、鉄筋とコンクリートで一体になった建物を鉄筋コンクリート造といいます。

　圧縮に強いコンクリートと引張りに強い鉄筋の長所を組み合せた構造です。現場で鉄筋を組み、型枠を立て、コンクリートを打設して躯体をつくり上げるため、木造や鉄骨造と比べて自由な形状をつくることができます。

　ほかの材料に比べて比重が大きく、遮音性に優れているため、マンション建築などによく用いられます。

　構造形式は、柱・梁を剛接合としたラーメン構造が一般的です。ここでいうラーメン構造には、柱や梁だけで強度を確保する純ラーメン構造だけでなく、耐震壁を設ける耐震壁付きラーメン構造も含まれます（図）。

　このほか、柱・梁を設けずに壁のみで躯体を構成する壁式構造や、壁式構造とラーメン構造の長所を併せ持つ壁式ラーメン構造などの構造形式もあります。

構造設計上の注意点

　コンクリートはほとんど引張り耐力をもたないため、躯体にかかる引張り力は鉄筋が負担することになります。そのため、梁・柱などの部位によって、鉄筋の種類や径、間隔などが細かく規定されています。

　一方、コンクリートは、鉄筋と確実に一体化するようにかぶり厚さを十分に確保することが重要となります。かぶり厚さは、コンクリートの中性化速度や耐火性能にも影響を与えます。

　鉄筋コンクリートで躯体をつくる場合、ひびは避けられない問題です。ひびの原因には、乾燥収縮や応力集中、温度変化などがあります。一般にひびは、幅 0.2㎜以内ならば構造上の問題はないとされますが、それ以上の幅では、ひびから水が入り、なかの鉄筋が錆びるおそれがあるため補修が必要になります。

> 圧縮に強いコンクリートと引張りに強い鉄筋の長所を組み合わせた構造です

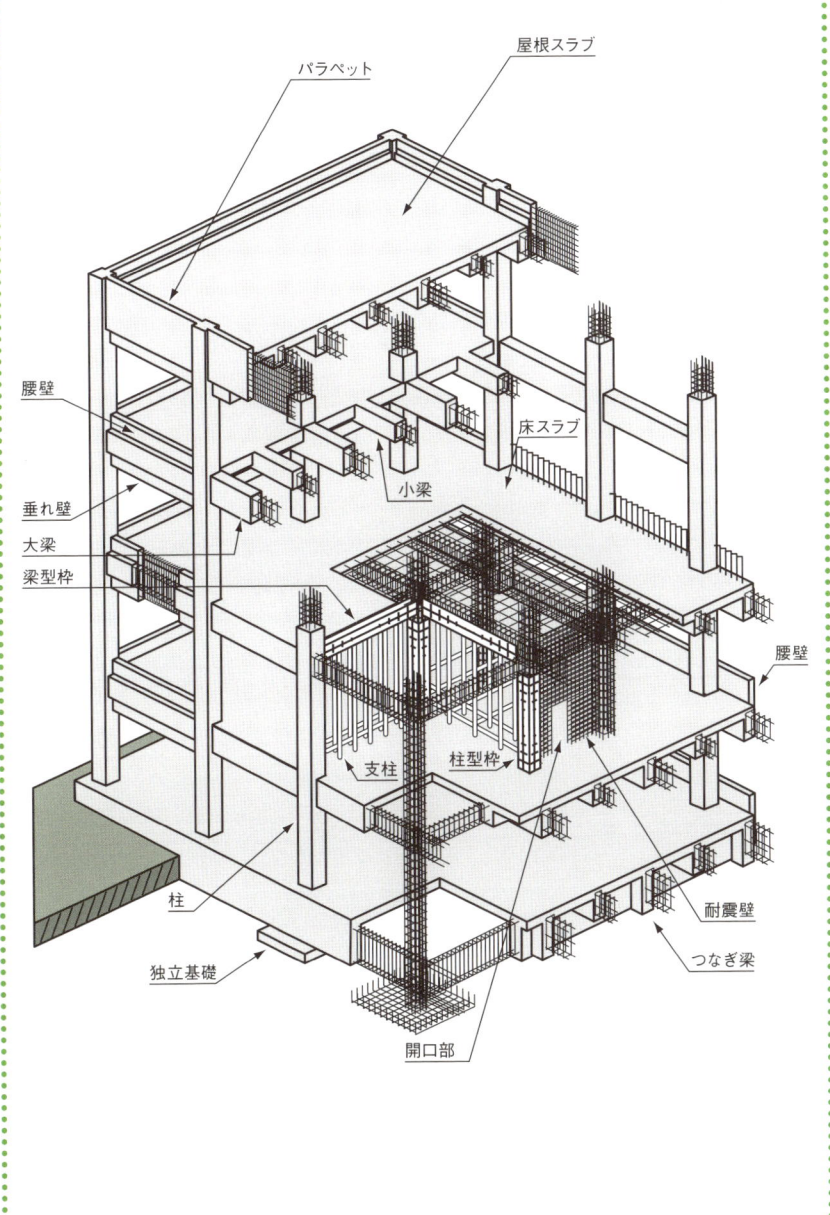

図 鉄筋コンクリート造（ラーメン構造）の部材名称

- パラペット
- 屋根スラブ
- 腰壁
- 床スラブ
- 垂れ壁
- 小梁
- 大梁
- 梁型枠
- 腰壁
- 支柱
- 柱型枠
- 柱
- 耐震壁
- つなぎ梁
- 独立基礎
- 開口部

2 建築の材料と構造

そのほかのコンクリート造

プレストレストコンクリート造

　コンクリートの打設前に鉄筋を引っ張って緊張を与えた上でコンクリートと一体化させるものをプレストレストコンクリート（PCまたはPSC）といいます。コンクリートの硬化後に鉄筋に与えた引張力を解放することで、コンクリートに圧縮の力が常時加わった状態になります。コンクリートは引張りに弱いのですが、常に圧縮力を加えてあるので、引張り力が働いても、それを打ち消すことができるのです。

　プレストレストコンクリートの鉄筋には、普通鉄筋の2〜4倍の引張り強度をもつ鋼棒やケーブル（PC鋼材）を用います。プレストレストコンクリートは、大スパンの梁や、ひび割れを起こしたくない個所に利用されます（図1）。

プレキャストコンクリート造

　床や壁などの部材をあらかじめ工場でつくり、現場で組み立てる工法をプレキャストコンクリート造（PCa）といいます。部材を工場でつくるため、現場で打設するよりも部材の精度が高くなります。

　また、現場で部材を組み立てるだけなので、現場打ちよりも施工期間が短くなります（図2）。

壁式コンクリート造

　壁式のコンクリート造は、柱・梁の代わりに壁が主要な構造躯体となる構造形式です。そのうちの1つが壁式鉄筋コンクリート造です。地上階数5階以下、軒高20m以下、各階の階高3.5m以下の建物に利用が制限されています。これらの規模を超える場合は、保有水平耐力計算などで構造の安全性を確認しなければなりません（図3）。

　もう1つがコンクリートブロック造です。補強コンクリートブロック造は、コンクリートブロックの空洞に補強用の鉄筋を通し、コンクリートを充填して構造壁をつくります（図4）。

　型枠コンクリートブロック造は、薄い板のコンクリートブロックを型枠にして、そのなかに配筋しコンクリートを打設して構造躯体をつくったものです。

> プレストレストコンクリートは、大スパンの梁などに用いられます

図1 プレストレストコンクリートの構成

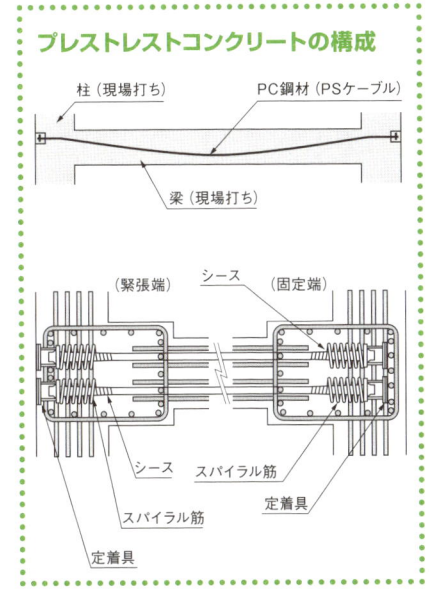

- 柱（現場打ち）
- PC鋼材（PSケーブル）
- 梁（現場打ち）
- （緊張端）
- シース
- （固定端）
- シース
- スパイラル筋
- スパイラル筋
- 定着具
- 定着具

図2 プレキャストコンクリート造

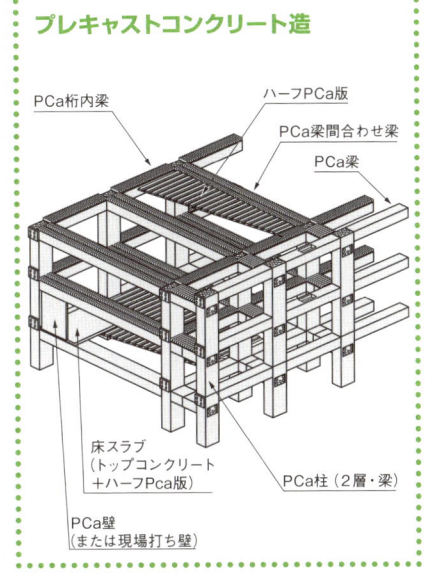

- PCa桁内梁
- ハーフPCa版
- PCa梁間合わせ梁
- PCa梁
- 床スラブ（トップコンクリート＋ハーフPca版）
- PCa柱（2層・梁）
- PCa壁（または現場打ち壁）

図3 壁式鉄筋コンクリート造

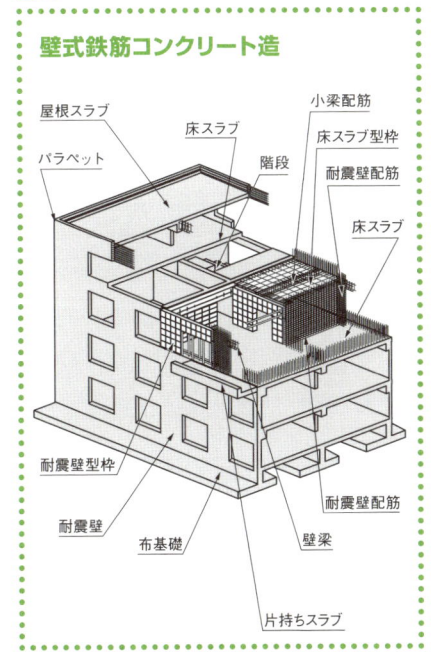

- 屋根スラブ
- 床スラブ
- 小梁配筋
- 床スラブ型枠
- 階段
- 耐震壁配筋
- 床スラブ
- パラペット
- 耐震壁型枠
- 耐震壁配筋
- 耐震壁
- 布基礎
- 壁梁
- 片持ちスラブ

図4 コンクリートブロック造

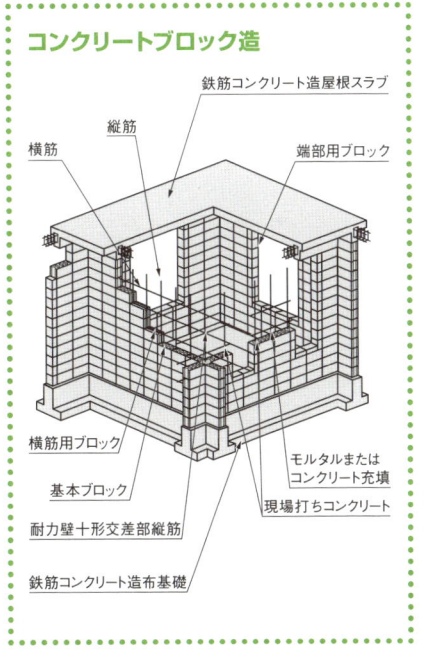

- 鉄筋コンクリート造屋根スラブ
- 横筋
- 縦筋
- 端部用ブロック
- 横筋用ブロック
- モルタルまたはコンクリート充填
- 基本ブロック
- 現場打ちコンクリート
- 耐力壁十形交差部縦筋
- 鉄筋コンクリート造布基礎

コラム
新材料と使い方の工夫でつくる強い構造

新しい材料で構造をつくる

　技術は日進月歩で進化しており、建築構造に使えそうな材料も、次々と登場しています。たとえばFRPは、半永久的に腐朽・腐食することがない高耐久の材料であり、すでに土木分野では構造材料として使用されています。将来的には建築の構造材料として使用されることになるかもしれません。

　また、紙を蜂の巣状に整形してつくるハニカムペーパーは、軽いうえに強度があるため、高強度な素材の間に挟み込んで使用すると構造材料として利用可能です。

昔ながらの材料で構造をつくる

　一方、石は、紀元前より建築の構造材料として利用されてきました。石を構造躯体に利用する場合、積み上げてつくる組積造とするのが一般的です。組積する石材は、一定のボリュームのある部材 (通常は、直方体) に加工するため、出来上がった建物は重々しいイメージとなります。

　ただし組積の方法を少し工夫するだけで、かなり違った印象の構造体にすることができます。写真の事例は、トランプをヒントに考え出した構造形式です。薄い石版で三角形をつくりトラス構造とすることで、軽やかな印象を与えることが可能になります。

石のトランプタワー

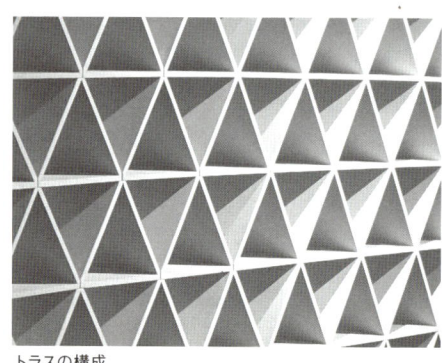

全景。薄い石をトラス状に組んでいる

トラスの構成

石材は、通常、直方体にカットされ積み上げられるため重量感があるが、トランプタワーのように三角形に組み合わせると軽快な構造になる。壁の面内はトラスで構成されているので非常に強く、面外へは板幅を確保して自立させている

第 3 章

建物を支える構造部材と基礎

構造部材と力の伝わり方

構造材の構成

建物は、通常、構造材、仕上材、設備機器の3つの要素から構成されます。構造材は躯体（くたい）やフレームとも呼ばれ、建物の骨格に該当するものです。

構造材には、床、梁（大梁・小梁）（はり）、柱、壁、基礎があり、それぞれ担っている構造上の役割が異なります。

建物が受けた荷重は、これらの構造材を介して、地盤へ伝達されます。

床は、人や物を重力に抵抗して支持する役割を果たしており、建物の構造材で最も基本的なものです。また、柱や梁、壁が受けた水平力を伝達する役割も担っています。

梁（大梁）は、床を支持するために床の廻りに配置する横架材（おうかざい）です。床の重量や面積が大きいときは大梁に小梁を掛けて床を支えます。木造でRC造基礎の上に配された木梁は、土台となります。

柱は、鉛直方向（えんちょく）に建てられた構造材で、鉛直方向の荷重だけでなく水平力に対しても抵抗する部材です。

壁は、主に地震力などの水平力に抵抗する構造材です。

基礎は、建物が受けたすべての荷重（鉛直方向・水平方向）を、柱や土台などを通じて地盤や杭へと伝達する役割をもっています（図）。

力の伝達経路

建物が荷重を受けると、力は構造材を通して地盤へと伝わります。固定荷重や積載荷重など鉛直方向の荷重の場合、力は床（屋根）→梁→柱→土台→基礎→地盤という経路で伝達されます。地震力や風荷重などの水平力もほぼ同じ経路をたどりますが、鉛直荷重と違い、水平力は大梁から柱と壁（耐震壁）（たいしんへき）に伝達され、基礎へ伝えられます。つまり、床→梁→柱・壁→土台→基礎→地盤という流れになります。

> 建築の構造部材は、
> 床・梁・柱・壁・基礎です

図

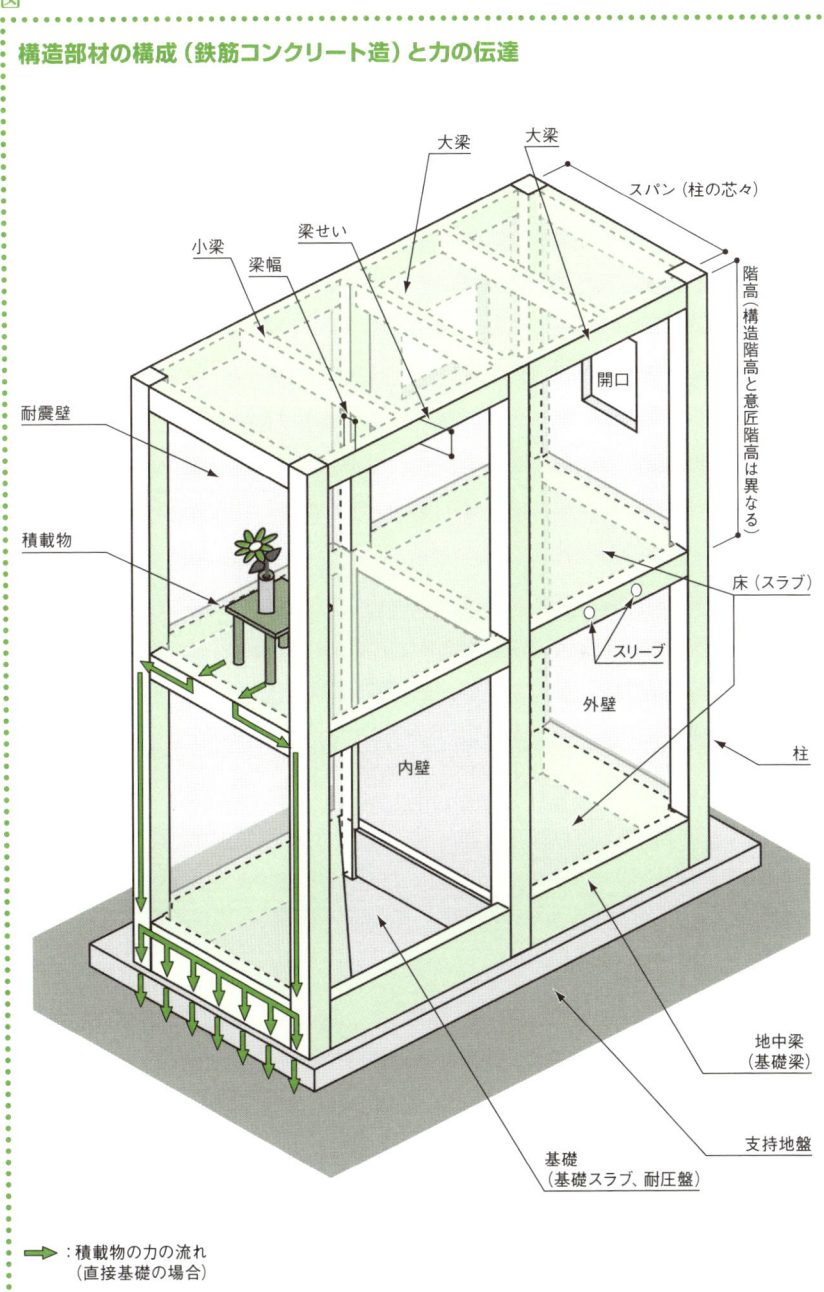

構造部材の構成（鉄筋コンクリート造）と力の伝達

- 大梁
- 大梁
- スパン（柱の芯々）
- 梁せい
- 小梁
- 梁幅
- 階高（構造階高と意匠階高は異なる）
- 開口
- 耐震壁
- 積載物
- 床（スラブ）
- スリーブ
- 外壁
- 内壁
- 柱
- 地中梁（基礎梁）
- 支持地盤
- 基礎（基礎スラブ、耐圧盤）

➡ ：積載物の力の流れ（直接基礎の場合）

3 建物を支える構造部材と基礎

構造計算に使うのは部材の性質を表す数値

押さえておきたい数値

構造計算の基本的な流れは、荷重の算出→応力の算出→断面の検討→2次計算（壁量計算・剛性率・偏心率の計算など）となります。各計算の段階で、取り扱う数値を整理します（図）。

①比重

比重とは、単位体積当たりの質量のことで、部材の重量（荷重）を求めるときに使用します。木材（スギ材）は8kN/㎥、鉄鋼は78kN/㎥、コンクリートは23kN/㎥、鉄筋コンクリートは24kN/㎥程度になります。

②ヤング係数

ヤング係数とは、材料の変形しにくさを表す数値で、部材の応力や変形を算出するときに必要です。ヤング係数が大きいほど変形しにくくなります。木のヤング係数は、樹種によって異なりますが、最もよく使われるスギ材は、7,000N/㎟です。鋼材は、210,000N/㎟程度で、コンクリートは、一般的には21,000N/㎟程度となります。

③ポアソン比

ポアソン比とは、物質に軸方向へ力を加えたときに生じる、横方向と縦方向のひずみ（伸縮）との比を表す数値です。鉄骨やコンクリートがせん断変形する際の剛性（せん断弾性係数）を算出するのに用います。鋼材で0.3、普通コンクリートで0.2です。

④線膨張係数

温度の上昇に対応して長さが変化する割合を示します。鉄筋とコンクリートは、近い数値になっています。

⑤許容応力度

部材に生じる応力の限界値のことで、部材の断面算定の基本となる数値です。これ以上の力が加わると部材が破壊する可能性が高くなります。許容応力度は、材料の基準強度に建築基準法で定められた係数をかけて算出します。

持続的に生じる応力に対する長期許容応力度と、短い時間で集中的に生じる応力に対する短期許容応力度の2種類があります。

> 比重、ヤング係数、許容応力度、ポアソン比は、部材の性質を表す数値です

図

構造計算の数値

	木材	鋼材	鉄筋コンクリート（コンクリート）
単位重量（比重）	8.0kN/m³	78.5kN/m³	24kN/m³（鉄筋コンクリート） 23kN/m³（コンクリート）
ヤング係数	8〜14×10³N/mm²	2.05×10⁵N/mm²	2.1×10⁴N/mm²（コンクリート）
ポアソン比	0.40〜0.62	0.3	0.2（コンクリート）
線膨張係数	0.5×10⁻⁵	1.2×10⁻⁵	1.0×10⁻⁵（コンクリート）
基準強度[※]	FC=17〜27N/mm² (Fb=22〜38N/mm²)	FC=235〜325N/mm²	FC=16〜40N/mm²
長期許容応力度	曲げ 8.0〜14N/mm² 引張り 5.0〜9.0N/mm² 圧縮 6.5〜10.0N/mm²	曲げ[※] 157〜217N/mm² 引張り 157〜217N/mm² 圧縮[※] 157〜217N/mm²	引張り（異形鉄筋） 196〜215N/mm² 圧縮（コンクリート） 5.3〜13.3N/mm²

※　座屈、局部座屈がない場合

架構・荷重をモデル化して構造計算する

架構のモデル化のルール

現在はほとんどコンピュータを使って構造計算を行っています。

実際に建物の部材に生じる応力は複雑なため、すべての応力を計算しやすいよう、現実の建物を抽象的な架構に置き換える作業を行います。これを架構のモデル化といい（図1）、それには以下のルールがあります。

(1) 柱や梁などの軸材は、1本の線として考え、曲げモーメント、せん断力、軸力の各応力を算出します。

(2) 柱はすべての応力を算出しますが、梁の軸力は相対的に小さいため無視して、曲げモーメントとせん断力のみ算出する場合があります。

(3) 柱・梁の線材どうしは節点でつなぎ、その位置は現実の部材の仕口・継手個所と一致させなくても構いません。

架構のモデル化の注意点

柱・梁などを1本の線として計算すると、部材断面が大きい鉄筋コンクリート造の場合、応力の誤差が大きくなります。そのため、力を加えてもまったく変形しない部分（剛域）を設定して計算します。また、柱脚部分は、力を加えても動かない固定された支点としてモデル化します。

荷重のモデル化

①荷重のモデル化

床荷重は、一般的に、床面にはたらくすべての荷重を等分布荷重にモデル化します。周囲の梁の付き方を考慮しながら床を三角形や台形に分割し、それぞれの部分が負担する荷重が近くの梁に流れるものとして計算します（図2）。

ただし、本棚やピアノなど、非常に重量のある積載物が想定されるときは、集中荷重としたり、部分的等分布荷重としてモデル化します。

②地震力のモデル化

建物が受けた地震力は、構造計算上は、床面に作用した荷重として扱われます。地震力は建物の重量（各階の床が負担する重量）に係数を掛けて算出し、床の重心位置への集中荷重としてモデル化します。

建物の構造を線材と節点に置き換えて応力を算出します

図1

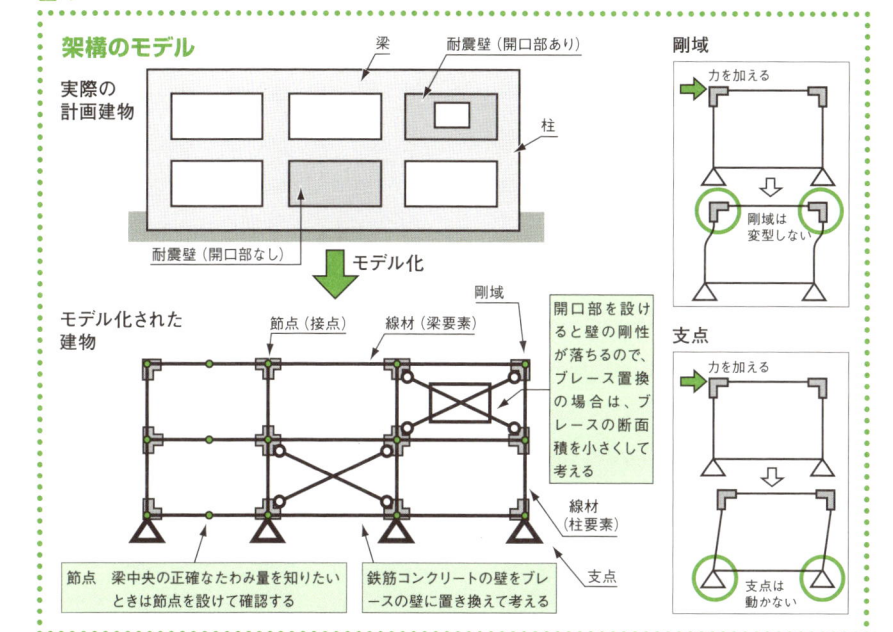

架構のモデル

実際の計画建物

- 梁
- 耐震壁（開口部あり）
- 柱
- 耐震壁（開口部なし）

⬇ モデル化

モデル化された建物

- 節点（接点）
- 線材（梁要素）
- 剛域
- 開口部を設けると壁の剛性が落ちるので、ブレース置換の場合は、ブレースの断面積を小さくして考える
- 支点
- 線材（柱要素）
- 節点　梁中央の正確なたわみ量を知りたいときは節点を設けて確認する
- 鉄筋コンクリートの壁をブレースの壁に置き換えて考える
- 支点

剛域

力を加える
⇩
剛域は変型しない

支点

力を加える
⇩
支点は動かない

図2

梁の荷重と負担幅

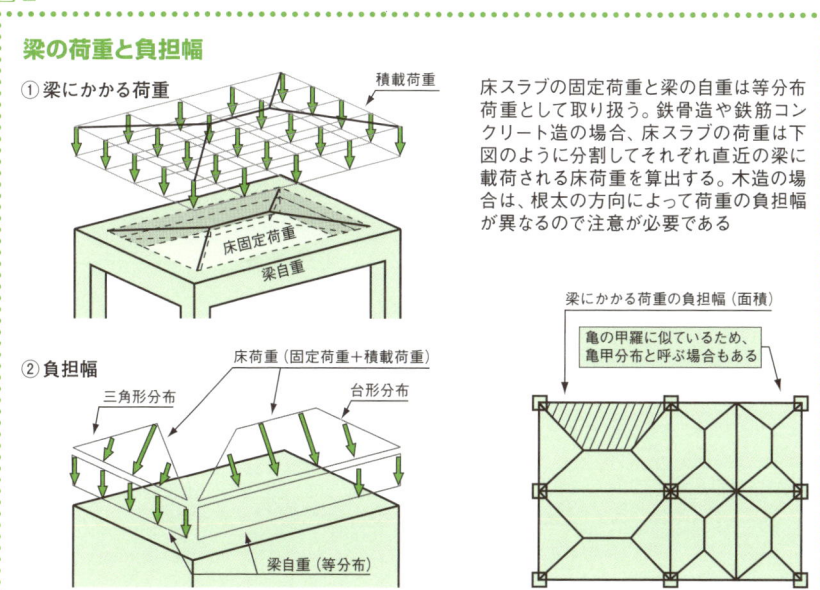

① 梁にかかる荷重

- 積載荷重
- 床固定荷重
- 梁自重

床スラブの固定荷重と梁の自重は等分布荷重として取り扱う。鉄骨造や鉄筋コンクリート造の場合、床スラブの荷重は下図のように分割してそれぞれ直近の梁に載荷される床荷重を算出する。木造の場合は、根太の方向によって荷重の負担幅が異なるので注意が必要である

② 負担幅

- 床荷重（固定荷重＋積載荷重）
- 三角形分布
- 台形分布
- 梁自重（等分布）

梁にかかる荷重の負担幅（面積）

亀の甲羅に似ているため、亀甲分布と呼ぶ場合もある

床や小屋組を支える梁の種類と形状

梁の名称

梁は床や小屋組を支える横架材ですが、構造形式によって名称が異なります。

梁に最も多くの呼び名があるのが在来軸組構法です。

小屋組を支える横架材で、軒と平行にあって、垂木が掛かる材を桁といい、桁と直交方向に掛かる横架材を梁と呼びます。また、上下階をつなぐ横架材を胴差と呼びます。

一方、鉄骨造や鉄筋コンクリート造の場合は、桁行き・梁間のいずれの方向でもすべて梁と呼ぶのが一般的です。

床の支持方法でも名称が変わります。主に床を支える梁を大梁、大梁の補助的な役割を担う梁を小梁といいます。また、床を下から支える梁を純梁、床が梁の下側にくるものを逆梁といいます。

鉄筋コンクリート造のバルコニーで、手摺兼用として逆梁を用いることが多くあります（図1）。

平面計画上の梁の掛け方でもいろいろな呼び方があります。

梁を短いピッチで平行に掛けたものをジョイスト梁、十字に交差させて掛けたものを格子梁といいます。格子梁を斜めにしたものは斜交梁とも呼ばれます（図2）。

そのほか、鉄骨造などで用いられる床と梁が一体になった合成梁や、鉄骨の梁や木の梁とケーブル材で組み合わせてつくる張弦梁など、特殊な構成の梁もあります。

構造計算上の名称

梁の構造計算では、梁の支点（端部）の固定形式によって名称が変わります。1本の梁で複数の支点を連続してもつものを連続梁といい、1本の梁で一方の支点が回転端（ピン）、もう一方が移動端（ローラー）であるものは単純梁といいます。

1点のみで固定されている梁は片持ち梁といいます。

梁は床の支持方法や平面計画上の掛け方などで分類されます

図1

床の支持方法による梁の分類

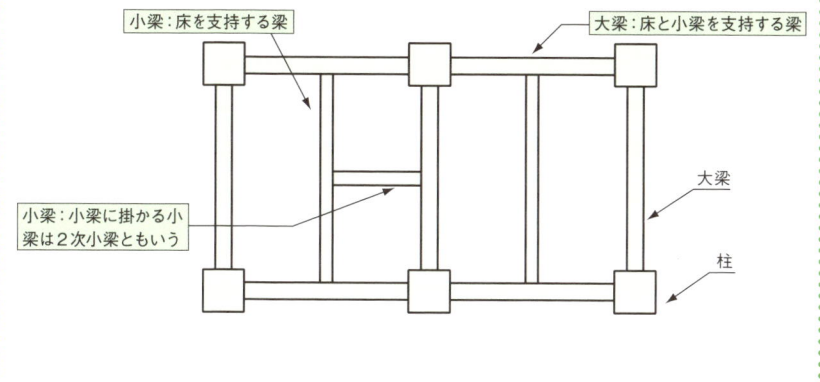

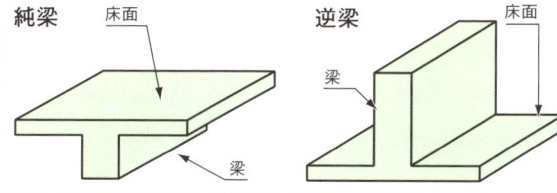

- 小梁：床を支持する梁
- 大梁：床と小梁を支持する梁
- 小梁：小梁に掛かる小梁は2次小梁ともいう
- 大梁
- 柱

純梁 — 床面／梁

逆梁 — 床面／梁

床を下から支える梁を純梁、バルコニーの手摺壁のように床を吊るように支持する梁を逆梁という

図2

架構形式による梁の分類

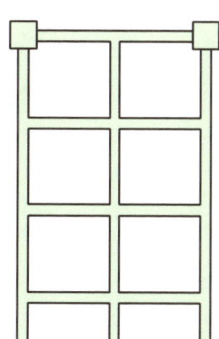

①ジョイスト梁
狭いピッチで小梁が平行に掛かる

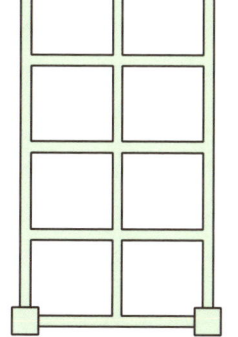

②格子梁
小梁が格子状に掛かる

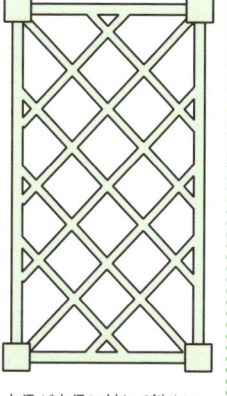

③斜め格子梁（斜交梁）
小梁が大梁に対して斜めに交差するように掛かる

3 建物を支える構造部材と基礎

梁に生じる応力の求め方

梁の公式

梁の断面を決定するためには、梁が荷重を受けたとき、どのくらいの曲げモーメントやせん断力が生じるかを知る必要があります。

梁端部の固定形式によって梁の応力を算出する公式が異なりますが、単純梁と両端固定梁の公式によって、基本的な梁の応力を算出することができます。

梁の固定形式にはこのほかに連続梁がありますが、連続梁は隣り合う梁の剛性により応力が複雑に変わるため、ここでは省略します。

①単純梁

単純梁は、梁が両端の支点だけで支えられる静的構造で、一方が自由に回転できるピン接合で、もう一方が水平方向に移動する移動端(ローラー)からなります。木造の梁は、端部を固定することが難しいため、構造計算では単純梁の公式を用います(図1)。

②両端固定梁

両端固定梁は、梁の両端部が剛接合になる梁のことです。しかし、現実の柱―梁の接合部を考えると完全な固定状態をつくり出すことは困難で、実際は、ピンと剛の中間くらいの性質をもつと考えられます。非常に剛性の高い柱などに接続された梁などでは、両端固定梁の公式を用います(図2)。

ヤング係数や断面2次モーメントが大きいほど、たわみは小さくなり、荷重やスパンが大きいほどたわみは大きくなります。

荷重の考え方

応力を算出する際に、荷重をどのように取り扱うかで公式が変わります。

梁の自重や梁にかかる床の荷重によって生じる応力を算出する場合は、通常、梁に等分布荷重がかかっているものとして応力を計算します。一方、大梁に小梁が掛かる場合は、小梁から伝達される荷重を集中荷重とみなして、応力を算出します。

梁に生じる主な応力は、せん断力と曲げモーメントです

図1

単純梁の公式

① 等分布荷重

曲げモーメント ── $M = \dfrac{1}{8} wL^2$

せん断力 ── $Q = \dfrac{1}{2} wL$

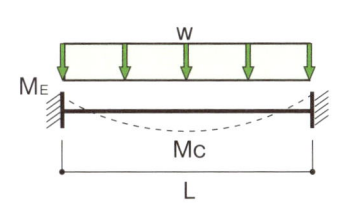

たわみ ── $\delta = \dfrac{5}{384} \cdot \dfrac{wL^4}{EI}$

断面2次モーメント：部材の形状により求められる値
ヤング係数：材料の性質により決まる常数

② 集中荷重

曲げモーメント ── $M = \dfrac{1}{4} PL$

せん断力 ── $Q = \dfrac{1}{2} P$

たわみ ── $\delta = \dfrac{1}{48} \cdot \dfrac{PL^3}{EI}$

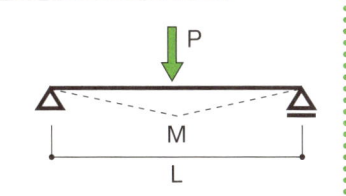

図2

両端固定梁の公式

① 等分布荷重

曲げモーメント

中央 ── $M_C = \dfrac{1}{24} wL^2$

端部 ── $M_E = \dfrac{1}{12} wL^2$

せん断力 ── $Q = \dfrac{1}{2} wL$

たわみ ── $\delta = \dfrac{1}{384} \cdot \dfrac{wL^4}{EI}$

② 集中荷重

曲げモーメント

中央 ── $M_C = \dfrac{1}{8} PL$

端部 ── $M_E = \dfrac{1}{8} PL$

せん断力 ── $Q = \dfrac{1}{2} P$

たわみ ── $\delta = \dfrac{1}{192} \cdot \dfrac{PL^3}{EI}$

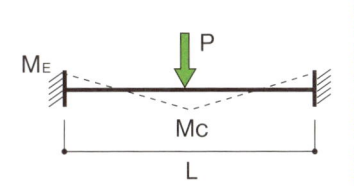

たわみと応力から求める梁の大きさ

たわみ量による断面算定

梁の断面は、各団体などが公表しているスパン表などから簡易的に決定することができます。たとえば、鉄筋コンクリートの場合、梁の断面寸法は、梁スパンの1／10〜1／12程度が目安となります。しかし、スパン表は安全側に設定されているため、たわみ量と応力で梁の断面を計算した方が合理的な設計になります。

たわみ量で断面を求める場合、基準となるのが変形角です。変形角とは、梁がたわんだときの勾配のことで、梁中央部のたわみ量（たわみ量の最大値）を、梁スパンで割って求めます。一般に変形角が1／200〜1／300以下に収まっていれば、その断面は構造上健全だとみなすことができます。

ただし、ほとんどの部材は、時間が経つにつれて、長期の鉛直荷重などによりたわみが進行します。これをクリープ現象と呼び、鉄筋コンクリート造の場合、たわみの増大率（変形増大係数）は8倍にもなります。したがって、たわみの公式で求めたたわみ量を8倍した値をスパンで割って変形角を求める必要があります。

応力による断面算定

応力で梁の断面を算定する場合、部材に発生する応力度が部材の許容応力度以下に収まっていることを確認します。

鉄筋コンクリートの梁の場合は、引張り応力で断面を算定します。鉄筋コンクリートで引張り応力に抵抗する要素は鉄筋です。

具体的には、算出した応力を、鉄筋の許容応力度と応力を算出するための距離（有効重心間距離）で割り、必要とされる鉄筋量を算出し、その鉄筋量が収まるように梁の断面（幅・せい）を決定します。

鉄骨造や木造の梁の場合、算出した応力を仮定した断面の断面係数で割って応力度を求め、それが部材の許容応力度以下になっていることを確認します（図）。

> クリープとは、長期の鉛直荷重などで、たわみが進行することです

たわみ量による断面の算定

$$\frac{\delta}{L} \leq \frac{1}{250}$$

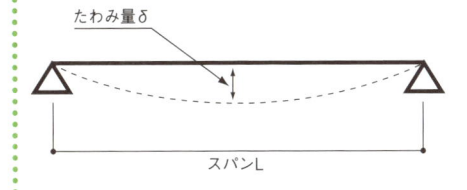

たわみ量δ
スパンL

たわみ量を算出する際にはクリープを考慮する計算結果を変形増大係数倍する必要がある

梁の変形増大係数

木	鋼材	鉄筋コンクリート
2	1	8

応力による断面算定

① 鉄筋コンクリートの場合

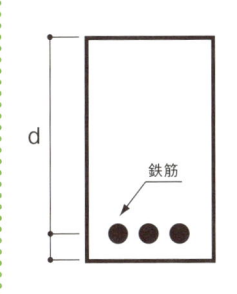

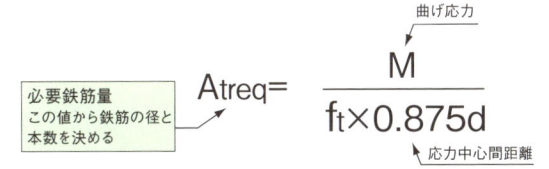

必要鉄筋量
この値から鉄筋の径と本数を決める

$$A_{treq} = \frac{M}{f_t \times 0.875d}$$

曲げ応力
応力中心間距離

よく使用される鉄筋の種類	引張りの長期許容応力度
D13、D10、SD295A	$f_t = 196$ N/mm² (長期)
D22、D19、D16、SD345	$f_t = 215$ N/mm² (長期)

主な鉄筋の断面積　　　　　　　　　　mm²

D10	D13	D16	D19	D22
71.3	127	199	287	387

② 木材や鋼材の場合

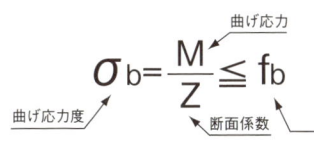

$$\sigma_b = \frac{M}{Z} \leq f_b$$

曲げ応力度　曲げ応力　断面係数

曲げの長期許容応力度
応力は部材に生じる力のことで、応力度は部材の局部に生じる力

材種		曲げの長期許容応力度
鉄鋼	SS400	$f_b = 160$ N/mm² [※]
木材	ベイマツ無等級	$f_b = 10.3$ N/mm²

※ 鉄鋼の場合は座屈止めの設け方により、許容応力度の数値が変わる

躯体との接合部が重要な片持ち梁

片持ち梁は梁を片側だけで支えるため非常に不安定な構造です（図）。

木造の片持ち梁

片持ち梁を設計する場合、構造種別によって、設計上の注意点が異なります。

木造で片持ち梁を計画する場合は、片持ち部分と躯体の接合部をいかに計画するかが重要になります。通常は、内部から桁の下を通して梁を持ち出すか、片持ち梁と桁の接合部に金物を設けます。このほか、方杖と引寄せ金物を合わせて支持する場合もあります。

外部に金物を使うと木材と金物の隙間に雨水が入り腐りやすくなりますが、取り替えや補修は簡単です。逆に内部から梁を持ち出すと、水がたまらず腐りにくくなりますが、腐ると改修が困難です。

鉄筋コンクリート造の片持ち梁

鉄筋コンクリート造で片持ち梁をつくる場合に、構造上、最も注意すべき点は配筋の方法です。

鉄筋コンクリート造の片持ち梁に生じる引張り応力は、鉄筋を通じて躯体に伝わります。

片持ち梁と建物内の梁に段差がある場合、片持ち梁の鉄筋は柱に鉄筋を定着させますが、その際、片持ち側と反対側の柱主筋の近くまでアンカーを伸ばす必要があります。

片持ち梁と内部の大梁が同じ高さにあり連続している場合、片持ち梁に生じる応力は、柱と大梁の剛性に応じて分配されるので、剛性に応じて鉄筋のアンカーの本数を決めます。

鉄骨造の片持ち梁

鉄骨造の片持ち梁は、木造や鉄筋コンクリート造に比べると接合が容易で、また大きな片持ち梁とすることができます。ただし振動しやすいので、できるだけ片持ち梁の剛性を大きくします。

片持ち梁と大梁の間に段差を設ける場合は、ダイヤフラムの納まりが難しくなるため、段差は200mm以上確保します。

> 鉄筋コンクリート造の片持ち梁の設計では配筋に注意します

図

木造の片持ち梁・跳出し梁

① 室内から梁を持ち出す

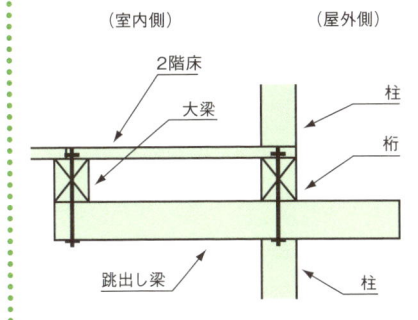

（室内側）　（屋外側）
- 2階床
- 大梁
- 柱
- 桁
- 跳出し梁
- 柱

② 金物と方杖で片持ち梁を支持する

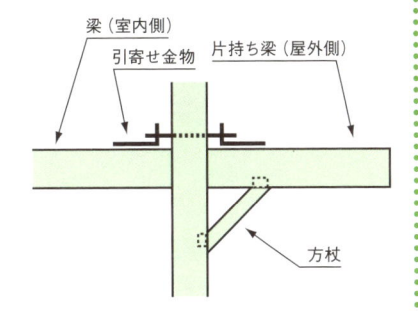

- 梁（室内側）
- 引寄せ金物
- 片持ち梁（屋外側）
- 方杖

鉄筋コンクリート造の片持ち梁

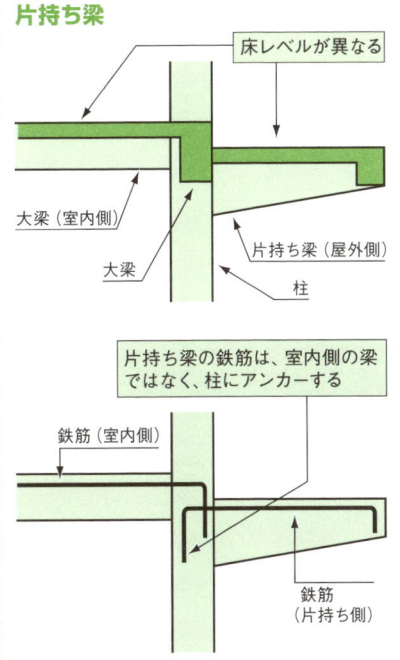

- 床レベルが異なる
- 大梁（室内側）
- 大梁
- 片持ち梁（屋外側）
- 柱

片持ち梁の鉄筋は、室内側の梁ではなく、柱にアンカーする

- 鉄筋（室内側）
- 鉄筋（片持ち側）

床レベルが室内と屋外で異なる場合は、柱に力を伝達するため、鉄筋を柱にアンカーする

鉄骨造の片持ち梁

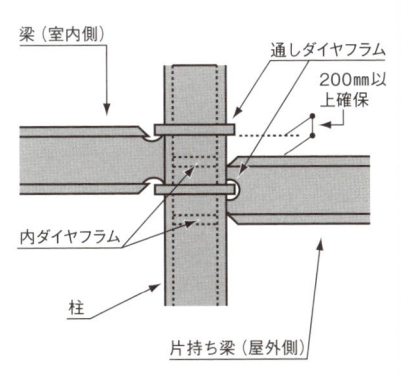

- 梁（室内側）
- 通しダイヤフラム
- 200mm以上確保
- 内ダイヤフラム
- 柱
- 片持ち梁（屋外側）

室内と屋外の梁に段差がある場合、段差が小さいとダイヤフラムを柱に取り付けられなくなる。段差は最低でも200mmは確保する

軸力で勝負するトラス構造

トラスの計算法

　軸材を三角形になるように接合してつくる構造をトラス構造といいます。トラスの接合部を節点といい、構造計算上は自由に回転できるピン接合として取り扱います。

　また、トラスを構成する軸材は、三角形に接合されているため、曲げモーメントやせん断力が生じず、引張りや圧縮の軸力のみを伝達します。

　一般に、部材は曲げに弱く、軸力に強い傾向があります。つまり、軸力のみを負担するトラスを構造体にすれば、少ない部材で強い構造をつくることができるのです。実際にトラス構造を利用したトラス梁は、体育館や工場など、大きなスパンの屋根を支える構造形式として多く使われています。

　トラス梁を設計する場合は、トラスが伝達する軸力の大きさと流れを算出し、軸材の耐力がそれ以上であることを確認します。トラスが伝達する力の解析方法はたくさんありますが、代表的なものが切断法と節点法です（図）。

　切断法は、トラスのどの個所でも力がつり合う性質をもつことを利用して示力図で応力を算出する方法です。

　節点法は、節点での力のつり合いを考え応力を算出する方法です。節点法では、節点の周りにある部材や反力の方向を、矢印を使って時計回りに力の流れを示力図に描きながら応力を算出します。トラス全体を1つの示力図で表す方法をクレモナ図法といいます。

トラス梁の設計の注意点

　トラス梁で屋根を架ける場合は、仕上材の支持方法を考慮しながら、部材寸法を決める必要があります。また、温度応力による軸材の伸縮が大きいため、大きな屋根を架ける場合は、気温の変化を十分に考慮した設計とします。トラス梁はスパンが大きくなるため、継手位置や現場への搬入方法の検討も重要になります。

> トラスの応力計算法には、切断法と節点法があります

図

切断法

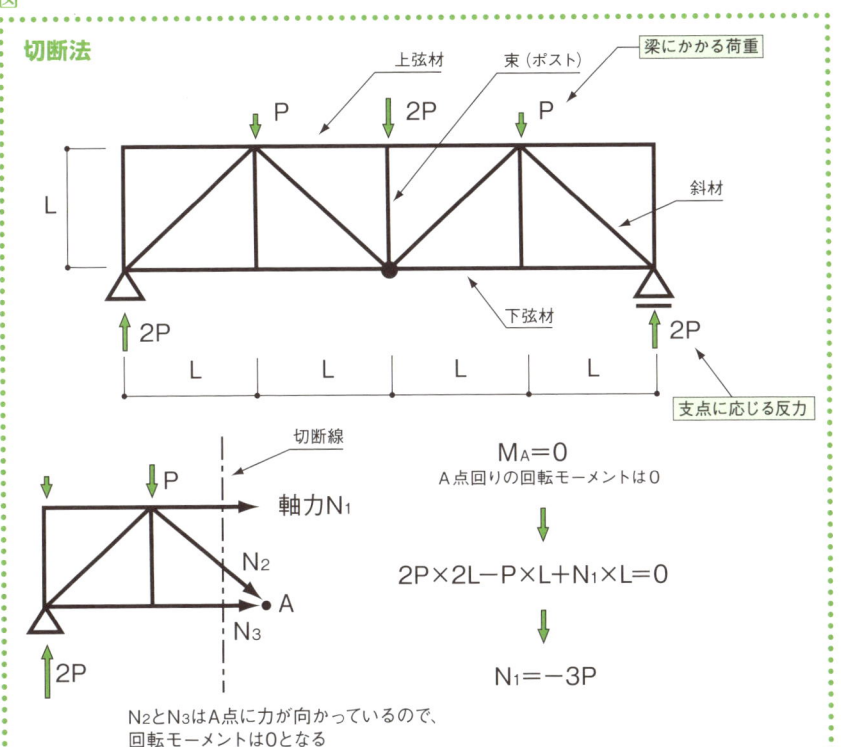

上弦材 / 束（ポスト） / 梁にかかる荷重 / 斜材 / 下弦材 / 支点に応じる反力

切断線

$M_A = 0$
A点回りの回転モーメントは0

$2P \times 2L - P \times L + N_1 \times L = 0$

$N_1 = -3P$

N_2とN_3はA点に力が向かっているので、回転モーメントは0となる

節点法（示力図）

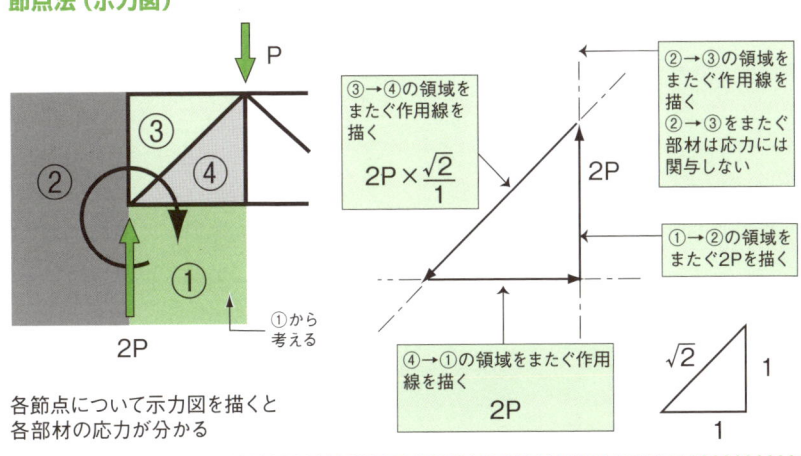

③→④の領域をまたぐ作用線を描く
$2P \times \dfrac{\sqrt{2}}{1}$

②→③の領域をまたぐ作用線を描く
②→③をまたぐ部材は応力には関与しない

①→②の領域をまたぐ2Pを描く

④→①の領域をまたぐ作用線を描く
$2P$

①から考える

各節点について示力図を描くと各部材の応力が分かる

3 建物を支える構造部材と基礎

座屈に注意して行う柱の設計

曲げ・せん断・軸力による変形

柱は、床や梁など複数の部材の鉛直荷重を支えているため、非常に複雑な変形を起こします。

曲げモーメントによるラーメン変形については、長期の鉛直荷重による変形と、地震や風圧力など短期の水平力による変形があります。長期の鉛直荷重による変形の場合、柱は外にはらむように変形しますが、短期の水平力の場合は、柱頭・柱脚は直角を保ったまま斜めに変形します。

せん断力に対する変形では、曲げモーメントの変形に比べると微少ですが、ひし形にせん断変形します。柱の長さが短い場合、柱のせん断変形は顕著になります。

引張力や圧縮力などの軸力に対する変形では、軸方向に伸縮します(図1)。

軸方向変形は座屈に注意

座屈とは、部材が圧縮力を受けたときに、はらみが大きくなって折れ曲がる現象で、一般に柱が長いほど、座屈は起きやすくなります。座屈には、柱全体が曲がるように変形する場合と、局部的に変形する場合があります。

座屈は建物の倒壊にもつながりかねないため、柱の構造計算では、座屈に十分注意する必要があります。

たとえば圧縮力については、基準強度に建築基準法で決められた係数だけでなく座屈による低減係数も掛けて許容応力度を算出します。さらに角形鋼管など局部的な座屈を起こすおそれのある部材の場合は、幅厚比によって安全性を確認します(図2)。

柱の断面

柱の断面や数は、柱が負担する荷重の大きさによって決まります。

柱が負担する荷重は、床荷重の負担面積に比例するため、同じ断面の柱を均等に配したプランで、1本の柱の断面を減らすためには、柱の本数を増やしピッチを狭めるか、可能な限り床などの荷重を減らす必要があります(図3)。

柱の軸方向の変形では特に座屈に注意します

図1

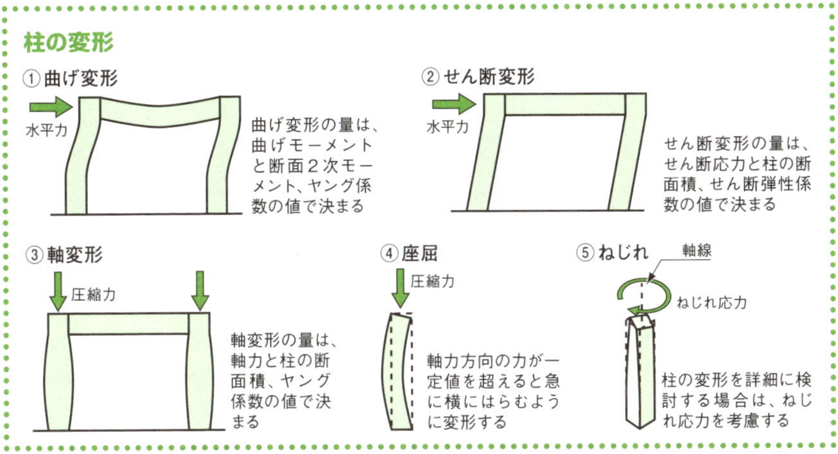

柱の変形

① 曲げ変形
水平力
曲げ変形の量は、曲げモーメントと断面2次モーメント、ヤング係数の値で決まる

② せん断変形
水平力
せん断変形の量は、せん断応力と柱の断面積、せん断弾性係数の値で決まる

③ 軸変形
圧縮力
軸変形の量は、軸力と柱の断面積、ヤング係数の値で決まる

④ 座屈
圧縮力
軸力方向の力が一定値を超えると急に横にはらむように変形する

⑤ ねじれ
軸線
ねじれ応力
柱の変形を詳細に検討する場合は、ねじれ応力を考慮する

図2

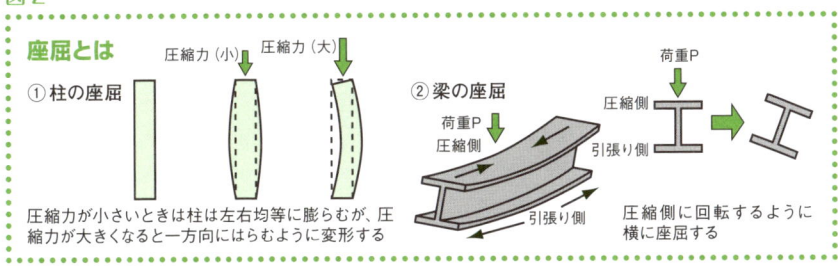

座屈とは

① 柱の座屈
圧縮力(小)　圧縮力(大)
圧縮力が小さいときは柱は左右均等に膨らむが、圧縮力が大きくなると一方向にはらむように変形する

② 梁の座屈
荷重P　圧縮側　引張り側
圧縮側に回転するように横に座屈する

図3

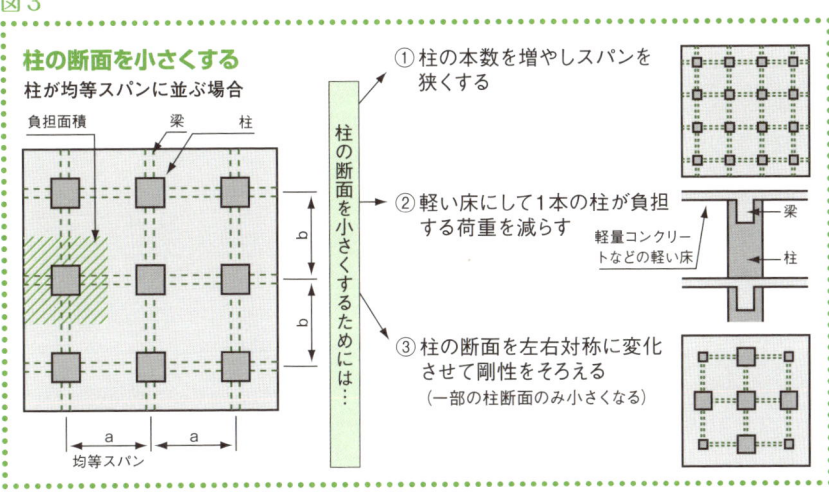

柱の断面を小さくする
柱が均等スパンに並ぶ場合

負担面積　梁　柱
a　a
均等スパン

柱の断面を小さくするためには…

① 柱の本数を増やしスパンを狭くする

② 軽い床にして1本の柱が負担する荷重を減らす
軽量コンクリートなどの軽い床
梁　柱

③ 柱の断面を左右対称に変化させて剛性をそろえる
（一部の柱断面のみ小さくなる）

3　建物を支える構造部材と基礎

基礎と柱をつなぐ柱脚の設計

埋込み柱脚と根巻き柱脚

　鉄骨造の柱脚には、埋込み柱脚、根巻き柱脚、露出柱脚の3種類があります(図)。

　埋込み柱脚は、鉄筋コンクリートの柱・梁の中に柱脚部分を埋め込むものです。柱に生じた曲げモーメントは、側面に設けたスタッドボルトなどを介して鉄筋コンクリート部分に伝達されます。非常に剛性が高い柱脚のため、構造計算では剛(固定)としてモデル化します。配筋前に建方を行うため、鉄骨の製作工程が建物全体の工程に影響します。

　根巻き柱脚は、鉄骨の柱脚を鉄筋コンクリートの柱型で巻いたもので、力の伝達方法は埋込み柱脚と同じになります。柱脚の剛性は、鉄筋コンクリート部分の剛性となるため、柱脚の構造計算では剛(固定)としてモデル化します。根巻き部分の配筋は鉄骨建方後に行うため、鉄骨工事と鉄筋コンクリート工事の工期が重なります。

露出柱脚

　鉄骨のベースプレートやアンカーボルトの一部が鉄筋コンクリートの床や梁の上部に出ている柱脚を露出柱脚といいます。アンカーボルトで力を伝達するため、アンカーボルトの性能が建物全体の性能に影響を与えます。非常に強度の高いものか、粘り強い材料でつくられたアンカーボルトを選ぶ必要があります。

　鉄筋コンクリート躯体にアンカーボルトを埋め込むことで、鉄筋コンクリート工事と鉄骨工事を分離することができます。そのため、施工管理は、左記の2つの柱脚よりも楽になります。

　これまで露出柱脚をピン・剛(固定)のいずれでモデル化するかは、設計者の判断に任されてきました。しかし、安全な建物を設計するためには、柱脚を半剛(半固定)としてモデル化して構造計算する必要があります。

鉄骨造の柱脚は、種類によって、工程管理が異なります

図 鉄骨の柱脚の種類

① 埋込み柱脚

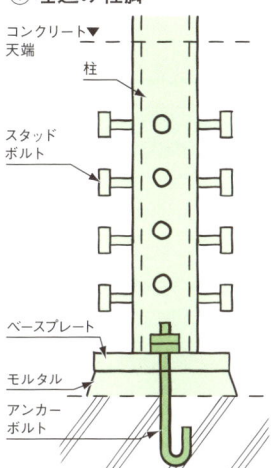

- コンクリート天端
- 柱
- スタッドボルト
- ベースプレート
- モルタル
- アンカーボルト

② 根巻き柱脚

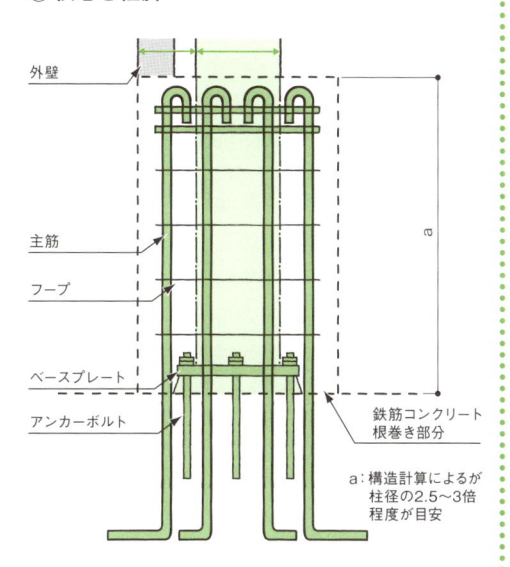

- 外壁
- 主筋
- フープ
- ベースプレート
- アンカーボルト
- 鉄筋コンクリート根巻き部分

a：構造計算によるが柱径の2.5〜3倍程度が目安

③ 露出柱脚

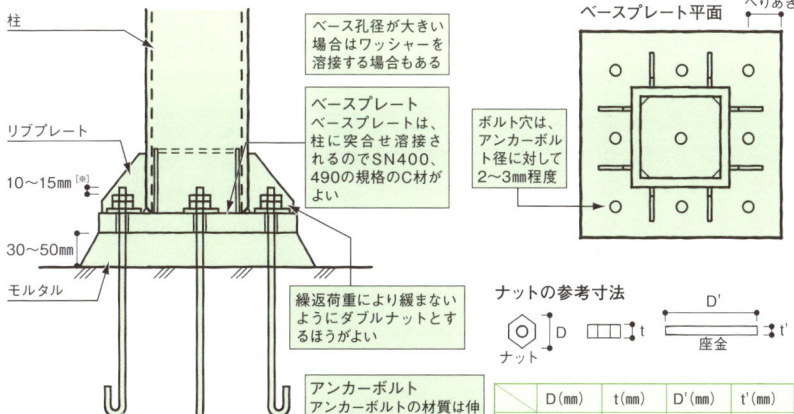

- 柱
- リブプレート
- 10〜15mm [※]
- 30〜50mm
- モルタル

- ベース孔径が大きい場合はワッシャーを溶接する場合もある
- ベースプレート
  ベースプレートは、柱に突合せ溶接されるのでSN400、490の規格のC材がよい
- ボルト穴は、アンカーボルト径に対して2〜3mm程度
- 繰返荷重により緩まないようにダブルナットとするほうがよい
- アンカーボルト
  アンカーボルトの材質は伸び性能のあるSNRがよい

ベースプレート平面

へりあき

ナットの参考寸法

ナット　D
座金　D'　t'

	D(mm)	t(mm)	D'(mm)	t'(mm)
M16	27.7	13	32	4.5
M20	34.6	16	40	4.5
M22	37.0	18	44	6
M24	41.5	19	48	6

※ この寸法は『鉄骨工事技術指針・工事現場施工編』（日本建築学会）による。『建築工事監理指針』（国土交通省大臣官房官庁営繕部監修）ではナット3つ以上ボルトが出ていなければならない

水平力に抵抗する耐震壁（たいしんへき）

壁の構造的役割

　壁には、建物の外部空間と内部空間を区切る、内部で部屋を仕切るなどの役割がありますが、構造的な観点からみると、地震や風荷重などの水平力に抵抗する重要な部材です。

　建物のなかで、水平力を効果的に負担するように設計・配置された壁を耐震壁といいます。建物の規模などによって仕様や必要な量（必要壁量）が決まっています。木造では耐力壁（たいりょくへき）と呼ばれ、仕様が建築基準法に定められています。

　耐震壁は非常に剛性（ごうせい）が高い部材です。配置が悪いと、建物全体の固さ（剛性）にばらつきが生じるため、平面的・立面的にもバランスよく配置することが重要です。場合によっては、壁と柱・梁（はり）の間にスリット（耐震スリット）を設けて、剛性のバランスをとることもあります。

　スリットがあると、地震力や風圧力を受けても壁は抵抗することができません。

雑壁（ざつかべ）とは

　耐震壁とは異なり、あまり水平力の抵抗要素とならない壁を雑壁といいます。雑壁には、開口部の下に付く腰壁（こしかべ）、開口部の上に付く垂れ壁（たれかべ）、柱の横に取り付く袖壁（そでかべ）、柱や梁のフレームの外に付く壁などがあります。

　構造計算上、雑壁は水平力の抵抗要素とは考えませんが、実際にまったく水平力を負担していないわけではありません。仕様や配置によっては、建物の剛性のバランスに影響を与えることもあります。耐震補強などでは、雑壁を積極的に水平力に対する抵抗要素と考えて構造計算する場合もあります。

　逆に、地震時の要素として考慮したくないときは、構造計算をして建物に影響がないことを確認します。

　最近では、雑壁の影響をなくすために、雑壁と床との間にスリットを設ける場合があります（図）。

> 耐震壁（耐力壁）は水平力に抵抗する剛強な壁です

図

耐震壁と雑壁（非耐震壁）

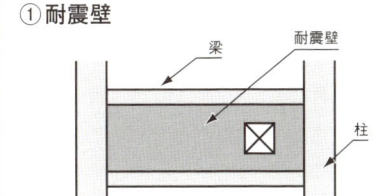

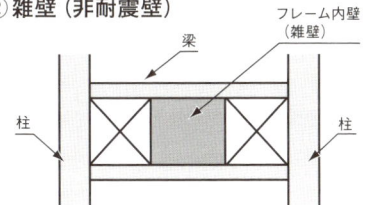

① 耐震壁

梁／耐震壁／柱

② 雑壁（非耐震壁）

梁／フレーム内壁（雑壁）／柱／柱

③ 腰壁と垂れ壁（非耐震壁）

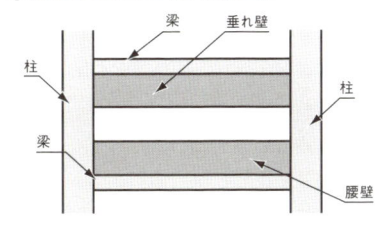

垂れ壁／柱／梁／腰壁

④ 袖壁（非耐震壁）

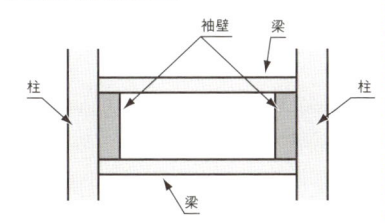

袖壁／梁／柱／柱／梁

耐震スリット

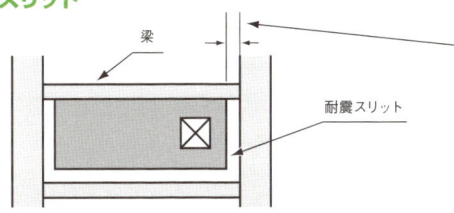

梁／耐震スリット

> 地震時や暴風時の水平力を受けたときに、壁が動いても柱にぶつからないだけのクリアランスを確保する

非耐震壁の取り扱い

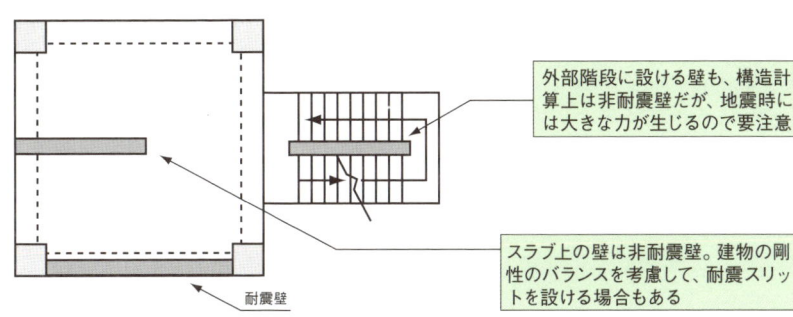

耐震壁

> 外部階段に設ける壁も、構造計算上は非耐震壁だが、地震時には大きな力が生じるので要注意

> スラブ上の壁は非耐震壁。建物の剛性のバランスを考慮して、耐震スリットを設ける場合もある

偏心は重さの中心と剛さの中心のズレ

バランスの悪い建物の挙動

　耐震壁（たいしんへき）は、鉄筋コンクリート造、鉄骨造、木造のいずれの構造でも、必要な量（必要壁量（へきりょう））をバランスよく配置しなければなりません。

　耐震壁の配置のバランスは、平面と立面の両方で考えます。立面のバランスについては次項で触れるため、ここでは平面的なバランスについて説明します。

　平面的にバランスのよい耐震壁の配置とは、建物をX・Y方向で2分して、それぞれ上下・左右の壁量に大きな差がない状態のことです。

　平面的にバランスよく耐震壁が配置されていない建物では、水平力を受けたときに建物全体がねじれたり、局部的に大きな力が働いて建物が損傷するおそれがあります。

　たとえば、耐震壁が片側のみに配置された建物が地震力を受けると、建物の耐震壁が配置されていない側が大きく振られて変形します（図）。

平面的なバランスを確認する

　構造計算で耐震壁の配置のバランスを確認するには、通常、偏心率（へんしんりつ）という指標を用います。

　偏心率とは、建物の重心と剛さの中心である剛心（ごうしん）との距離をもとに算出します。重心と剛心の間の距離が大きいほど偏心率は大きくなり、偏心率が大きいほど建物はねじれたり、回転しやすくなります。

　偏心率は、建築基準法に規定されている構造計算ルートによって、許容される値が異なります。たとえば、鉄筋コンクリート造の場合、ルート1は0.3以下、ルート2は0.15以下とする必要があります。

　鉄骨造や鉄筋コンクリート造では偏心率の計算や保有水平耐力計算で耐震壁の平面的なバランスを確認します。一方、戸建住宅程度の小規模木造では、通常、4分割法で耐力壁のバランスを確認します。4分割法とは、建物平面のX・Y方向の各端部に、十分な量の耐力壁が配置されていることを確認する簡易な計算方法です。

耐震壁の平面的なバランスは偏心率で確認します

図

耐震壁の平面的な配置

① バランスのよい配置

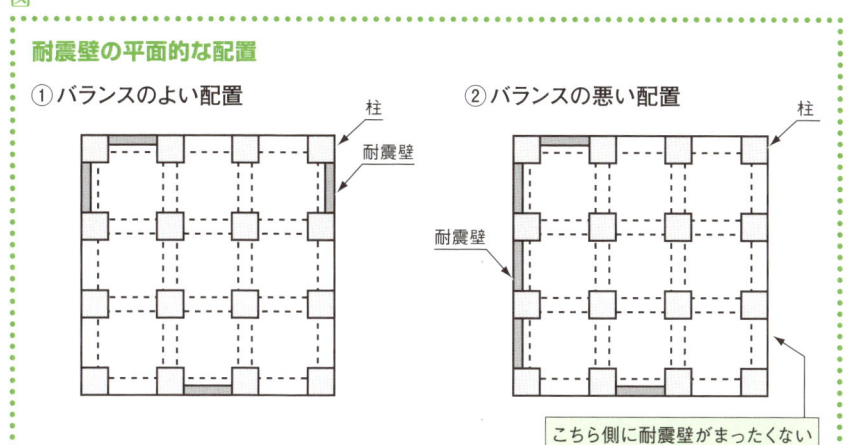

柱
耐震壁

② バランスの悪い配置

柱
耐震壁
こちら側に耐震壁がまったくない

耐震壁の配置のバランスが悪い建物の変形

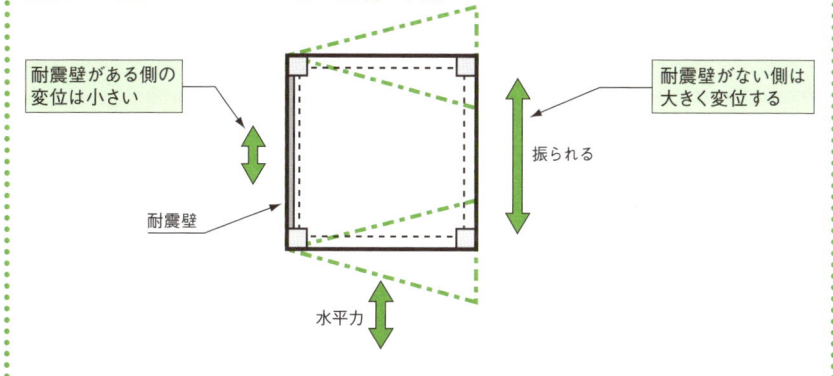

耐震壁がある側の変位は小さい
耐震壁がない側は大きく変位する
振られる
耐震壁
水平力

偏心の考え方

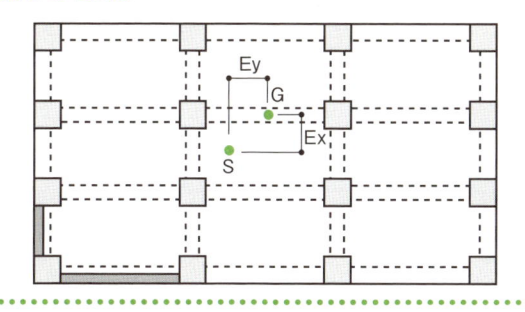

Ey
G
Ex
S

G：重心
S：剛心
Ex：X方向の偏心距離
Ey：Y方向の偏心距離

重心（G）は重さの中心、剛心（S）はかたさの中心、偏心距離（Ex、Ey）が大きいほど、建物は偏心しており、バランスが悪い

高さ方向の強さのバランスを表す剛性率

立面的なバランスとは

　耐震壁は、立面上も壁量や位置をバランスよく配置しなければなりません。立面上のバランスが悪いと、剛性の低い階に著しく変形が集中するからです。

　阪神・淡路大震災時には、1階を車庫などに利用したピロティをもつ建物が多く倒壊しました。ピロティは、耐震壁を極端に減らしているため、他の階と比べて剛性が小さくなり、地震力が集中したからだと考えられます。

　高層ビルなどの設計で、建物上部に行くにしたがい剛性を落としていく手法がとられます。しかし、建物上部は地震力が小さくなるからといって、単に上階の剛性を低くすると問題が生じる場合があります。あまり極端に剛性を落とすと、地震や風荷重などの水平力を受けたとき鞭振り現象が発生し、建物上部が大きく振られることがあります（図）。

計算でバランスを確認する

　建物の立面的なバランスを計算するには、剛性率という指標を用います。剛性率とは、建物の高さ方向の剛性分布バランスの指標であり、各階の変形とせん断力で算出する数値です。鉄骨造や鉄筋コンクリート造では建物の剛性率を計算し、立面方向のバランスを確保しています。

　剛性率は、建築基準法に規定された構造計算ルートによって、許容される値が異なります。鉄筋コンクリート造の場合、ルート1は規定値なし、ルート2では0.6以上としなければなりません。なお、保有水平耐力計算で構造計算する場合は、耐力を大きくしたうえで、剛性率を0.6以上とします。

　壁量計算を行う木造住宅では、立面方向のバランスについては規定がありませんが、耐力壁の位置を上下でそろえるなど、バランスを意識した配置を心掛けます。

> 剛性率は、各階の変形とせん断力で算出します

図

耐震壁の立面的な配置

① バランスのよい配置

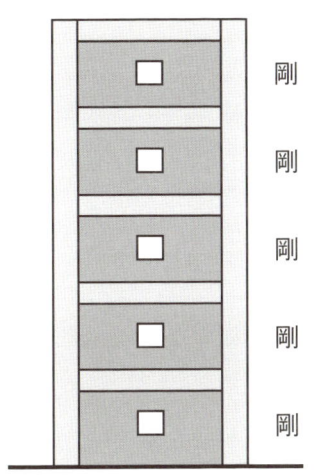

剛
剛
剛
剛
剛

すべての階の剛性がほぼ同じ

② バランスの悪い配置

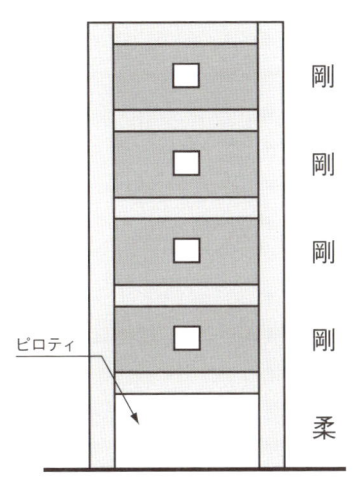

剛
剛
剛
剛
柔

ピロティ

建物の一部に剛性が低い部分がある

立面的にバランス悪い建物の変形

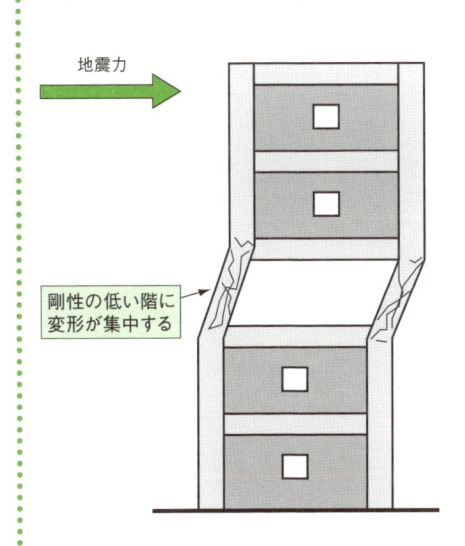

地震力

剛性の低い階に変形が集中する

階の剛性にばらつきが合ったため中間階がつぶれてしまった建物（写真提供・小川淳也／ジュンアソシエイツ）

木造で使われる筋かい耐力壁と面材耐力壁

木造独自の壁倍率

鉄骨造や鉄筋コンクリート造と比べて、木造の壁の剛性は評価しにくいため、壁倍率という日本独特な指標で、壁の剛性を評価しています。壁倍率は0.5～5.0倍まであり、壁倍率1.0で壁長さ1mの耐力壁は、1.96kN（約200kgf）の水平力に対する耐力をもっていることを表します。

木造で一般的に用いられる耐力壁は、構造用合板などの面材を張った面材耐力壁と、角材を用いた筋かい耐力壁の2種類です。面材と筋かいを併用して耐力壁をつくる場合は、それぞれの壁倍率を足し合わせることが認められています。ただし壁倍率の上限値は5.0で、それ以上の場合も5.0とみなされます。

それぞれ倍率を得るための仕様が建築基準法で規定されており、材料の種類や寸法、釘の種類やピッチなどが定められています。

面材の場合は、釘の種類やピッチで実際の耐力が大きく変わるため、施工には十分な注意が必要です。構造用合板9㎜厚で壁倍率2.5倍とするためには、N50釘を使って150㎜以下のピッチで柱や梁に留め付けなければなりません（図）。

耐力壁の緊結

耐力壁は、水平力を受けると回転しようとするため、筋かいや面材を取り付けただけでは、水平力に対する有効な抵抗要素にはなりません。回転によって耐力壁を留めている柱が土台や梁から外れると、水平力に抵抗できないだけでなく、建物全体にも深刻なダメージを与えることになります。

そこで、耐力壁の回転を抑えるために、引寄せ金物を使って上下階の柱同士や、基礎と柱を確実に緊結します。壁倍率が大きいほど、回転しようとする力が大きくなるため、引寄せ金物に必要な耐力を正確に評価しなければなりません。引寄せ金物の評価方法には、①建築基準法の仕様規定、②N値計算と呼ばれる簡易的な計算、③許容応力度計算などがあります。

木造では、筋かい耐力壁と面材耐力壁が一般に用いられます

図

耐力壁の仕様

① 筋かい耐力壁
（鉄筋φ9mm以上、壁倍率1）

羽子板ボルト／梁／間柱／柱／筋かいφ9／ホールダウン金物／土台／基礎

② 筋かい耐力壁
（木材30×90mm、壁倍率1.5）

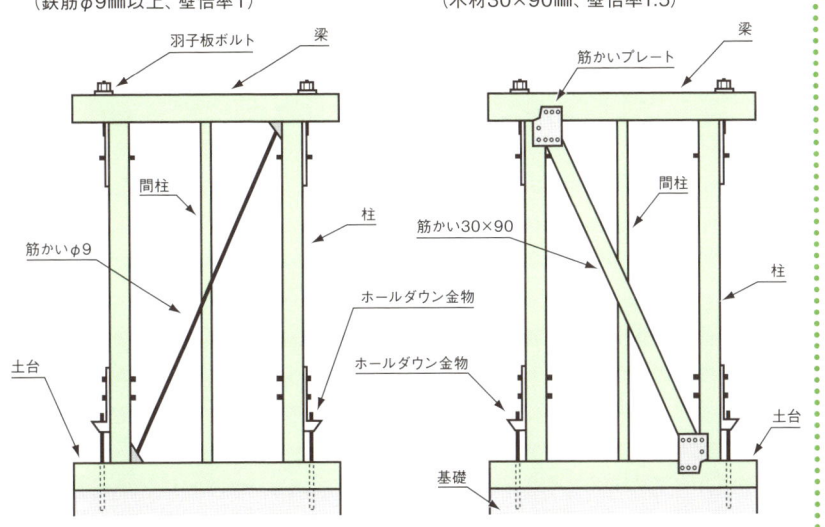

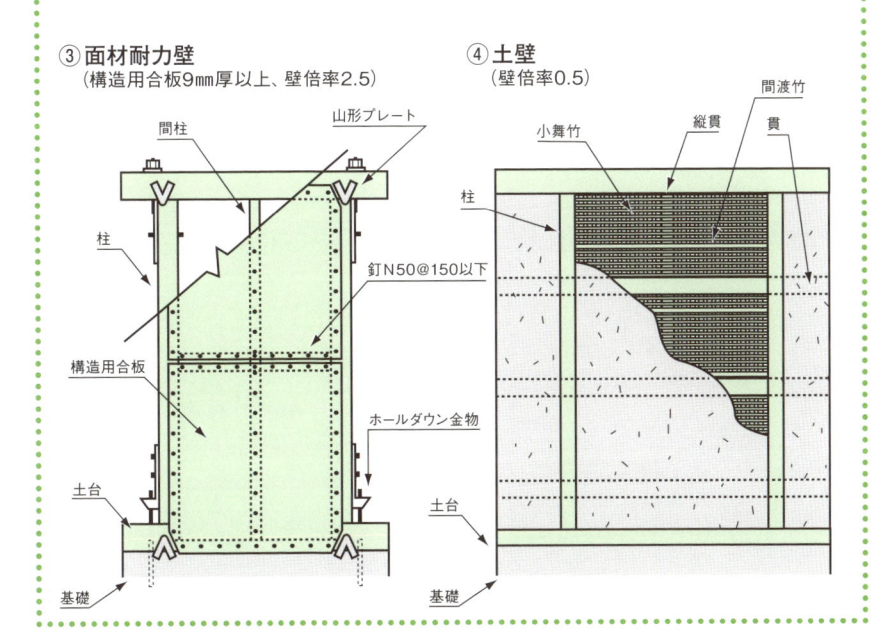

筋かいプレート／梁／間柱／柱／筋かい30×90／ホールダウン金物／土台／基礎

③ 面材耐力壁
（構造用合板9mm厚以上、壁倍率2.5）

間柱／山形プレート／柱／釘N50@150以下／構造用合板／ホールダウン金物／土台／基礎

④ 土壁
（壁倍率0.5）

小舞竹／間渡竹／縦貫／貫／柱／土台／基礎

壁量計算と4分割法で耐力壁を確認する

壁量計算とは

在来軸組構法でつくる木造住宅では、壁量計算という簡易的な計算方法で構造の安全性を確認しています。壁量計算では、計画している耐力壁の量（存在壁量）が、法令の規定で求められる必要な耐力壁の量（必要壁量）以上あることを確認します。

存在壁量は、壁倍率に耐力壁の壁長さを掛けて算出することができます。一方、必要壁量は、地震用と風用の2つがあり、各階のX・Y方向について地震用と風用の必要壁量を算出し、大きい方の値を採用します。

地震用の必要壁量は、屋根の重さや階数で決まる係数を床面積に掛けて求めます。つまり、床面積が大きいほど必要壁量が増えることになります。床面積には、法令上、バルコニーや吹抜け部分は含みません。小屋裏の床面積については告示で取り扱いが規定されています。

風用の必要壁量は、建物の見付面積に、建築基準法施行令45条で規定された数値を掛けて算出します（図1）。

4分割法

4分割法は、耐力壁の平面的配置のバランスを確認する簡易な手法です。4分割法の手順は次のようになります。

プランをX・Y方向ともに4等分し、それぞれの両端（側端部）の床面積を求めます。次に側端部の床面積に対して地震用の必要壁量を算出します。すべての側端部について存在壁量を必要壁量で割った値（充足率）を計算し、すべてが1以上であれば、平面的な配置のバランスに問題がないと判断します。充足率が1未満の場合は、小さい方の充足率を大きい方の充足率で割った値が0.5以上であることを確認します。この条件も満たさない部分があれば、側端部の壁の配置や量で調整します。

なお、4分割法は平面的な壁配置のバランスを確認する手法であるため、立面的なバランスについては評価できません（図2）。

> 耐力壁の量は壁量計算で、バランスを4分割法で確認します

図1

壁量計算

Y方向の水平力に抵抗する耐力壁

Y方向
X方向

X方向の水平力に抵抗する耐力壁

床面

耐力壁の壁長さ(cm)

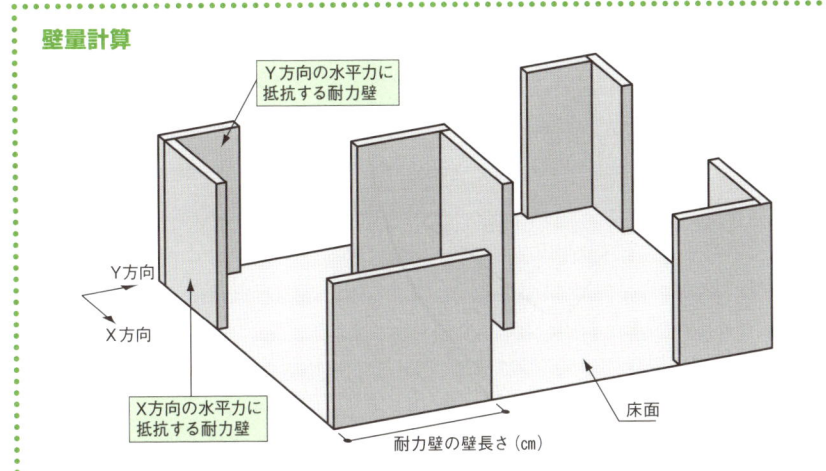

存在壁量＞必要壁量

・存在壁量＝壁倍率×耐力壁の壁長さ
・必要壁量は、地震用（床面積×係数）と風用（見付面積×係数）で大きいほうを採用

図2

4分割法

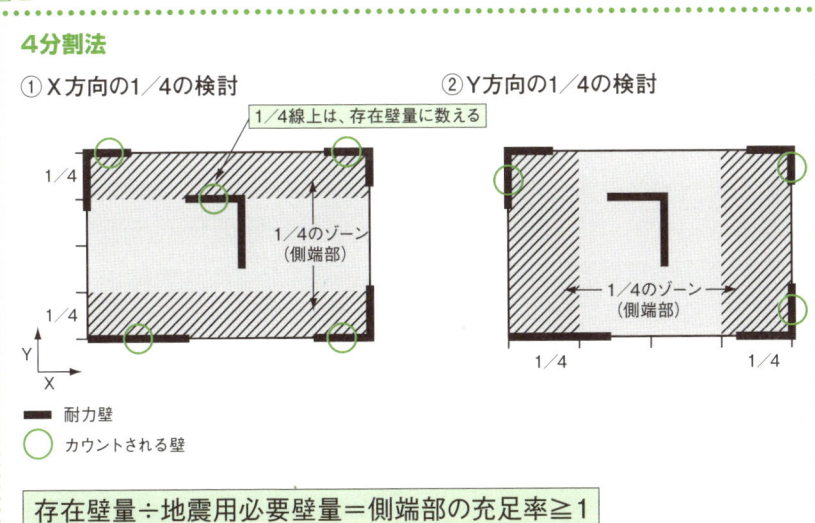

① X方向の1/4の検討　　② Y方向の1/4の検討

1/4線上は、存在壁量に数える

1/4のゾーン（側端部）

1/4のゾーン（側端部）

■ 耐力壁
○ カウントされる壁

存在壁量÷地震用必要壁量＝側端部の充足率≧1

側端部の充足率が1未満の場合は、
小さいほうの充足率÷大きいほうの充足率≧0.5であることを確認

鉛直荷重を支え
水平力を伝達する床

床の構造的な役割

　床は、梁とともに建物の水平面を構成する構造部材です。床に求められる構造性能や居住性を確保しながら、施工性やコストなどを加味して床の形式を選択します。床は、建物内にいる人や家具などの積載物の鉛直荷重を支え、また、柱や梁、壁が受けた水平荷重を伝達する役割をもっています。

　したがって床は、これらの荷重に耐えられる強度（剛性）をもつよう設計しなければなりません。床には、構造性能以外にも遮音性能や振動性能など、居住性にかかわる性能も求められます。

床の形式

　床の形式は、構造種類によって異なります。

　木造では、床は、梁や大引に根太を掛け、その上に合板などの床板を載せて構成します。近年は、根太を省略し、梁や大引に構造用合板を直接留めて剛床とすることも多くなっています。根太を省略することで根太の転びがなくなり剛性を高めることができます。

　鉄骨造では、デッキプレートなどの鋼製折板の上に配筋してコンクリートを打設する合成スラブが主流です。このほかには、ＡＬＣ板を用いた床や、工場で床スラブの下半分をつくり、上半分は現場でコンクリートを打設するハーフＰＣａスラブなどが用いられています。

　鉄筋コンクリート造では、通常、柱、梁、壁が一体になるように配筋し、コンクリートを打設して床をつくります。梁の付き方で名称が変わり、1方向に狭い間隔で梁を入れたものをジョイストスラブ、格子状に梁を配置したものをワッフルスラブといいます。近年では、マンションなど遮音性能が要求される建物において、円筒や球形などボイド材をコンクリートスラブに埋め込んだボイドスラブもよく用いられます（図）。

床には、遮音性能や振動性能なども必要です

図

床の構造的役割

①鉛直荷重を支える
家具
鉛直荷重

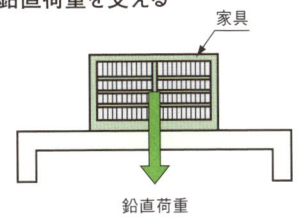

②地震力を伝える
開口部

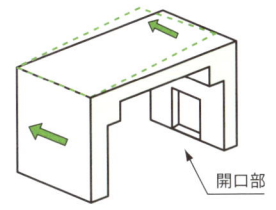

③音を遮る、振動を抑える
ドン!

④熱をさえぎる、熱を蓄える
50℃
25℃

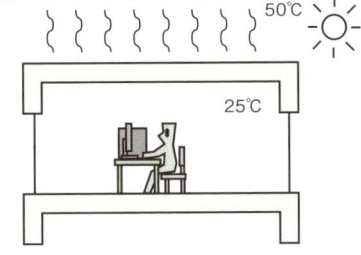

床の形式

①木造の床（2階）
釘
構造用合板
大梁
小梁

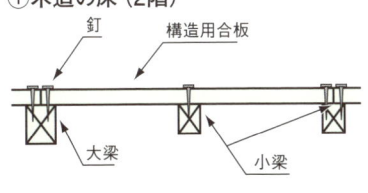

②鉄骨造の床
コンクリート
スタッドボルト
デッキプレート（鋼製折板）
鉄筋

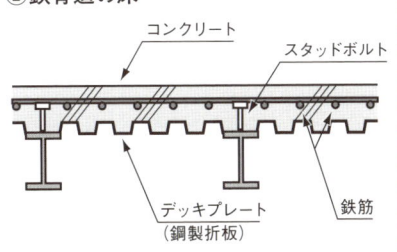

③鉄筋コンクリート造の床
コンクリート
鉄筋
大梁
小梁

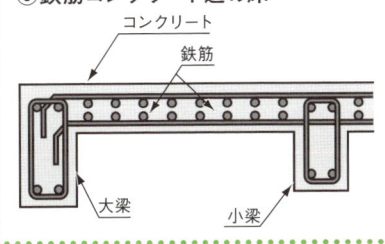

④鉄筋コンクリート造の床（ボイドスラブ）
ボイド
コンクリート
円筒管や球（さまざまな形状がある）
大梁

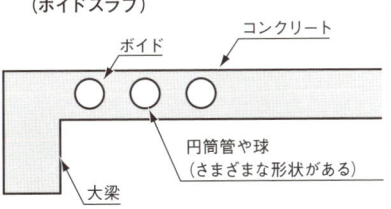

鉄筋コンクリート造の床の設計

床スラブの変形とたわみの算出

　鉄筋コンクリート造の床スラブは、通常、4辺が梁で囲まれています。ほとんどの場合、梁は床よりも剛性が高いので、床スラブは4辺が固定されたものとして応力とたわみを計算します。

　床に生じる応力によって、床スラブの強度を確保するのに必要な鉄筋量を算出し、また、たわみも、図表などを用いて求めることができます。

　建築基準法ではたわみ量の許容値が1／250以下と決まっているため、算出したたわみ量が許容値以下となるように断面を設計します。

　たわみ量の算出の際にはクリープを考慮する必要があります。クリープとは、時間が経つにつれてたわみが進行する現象です。鉄筋コンクリートの場合、算出したたわみ量を16倍した値を、クリープを考慮した床のたわみ量とするよう、建築基準法で決められています。

床設計の注意点

　床と梁の境界条件が変わると計算式も変わるので注意が必要です。たとえば、床スラブの短辺方向と長辺方向のスラブ比が1：2以上になる場合や、合成デッキスラブを用いる場合は、4辺の梁に固定されていると考えるのではなく、1方向の梁に固定されたスラブとして応力やたわみ量を算出します。また、梁よりも床の剛性が高い場合は、床の端部はピン接合として応力を計算する場合もあります。

　ハーフPCaスラブや合成デッキスラブを用いる場合は、仮設時はコンクリートが打設されていないため、設計で想定しているものより剛性が低い状態です。作業床などに用いる場合は、仮設時の強度やたわみを確認する必要があります。合成デッキスラブは方向性があるので、方向を考慮して応力やたわみを計算します。一般的には、短手の梁とデッキの山の方向が平行になるように設置します（図）。

床スラブの構造計算は、4辺固定で計算します

図

4辺固定スラブの公式

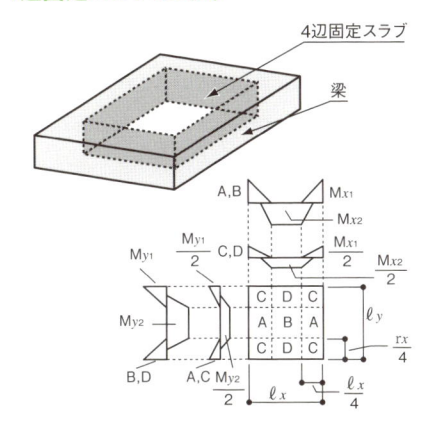

$M_{x1} = -\dfrac{1}{12} W_x \times \ell_x^2$

$M_{x2} = \dfrac{1}{18} W_x \times \ell_x^2 = -\dfrac{2}{3} M_{x1}$

$M_{y1} = -\dfrac{1}{24} W_x \times \ell_x^2$

$M_{y2} = \dfrac{1}{36} W_x \times \ell_x^2 = -\dfrac{2}{3} M_{y1}$

$W_x = \dfrac{\ell_y^4}{\ell_y^4 + \ell_x^4} W$

$M(x_1, x_2, y_1, y_2)$
 : x_1, x_2, y_1, y_2 の曲げモーメント（N・m）
ℓ_x：床の短辺の長さ（m）
ℓ_y：床の長辺の長さ（m）
W：等分布荷重（N／㎡）

クリープを考慮した設計（鉄筋コンクリート造の場合）

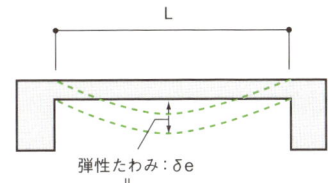

弾性たわみ：δe
＝
計算で求められる変形。グラフや計算プログラムを用いて算出する

クリープを考慮したたわみ量の許容値の算出

$\delta = 16 \times \delta e$

$\dfrac{\delta}{L} \leq \dfrac{1}{250}$

床と梁の境界条件が変わる例

① スラブ比が1:2以上の場合

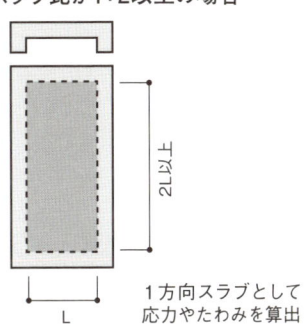

1方向スラブとして応力やたわみを算出

② 合成デッキスラブの場合

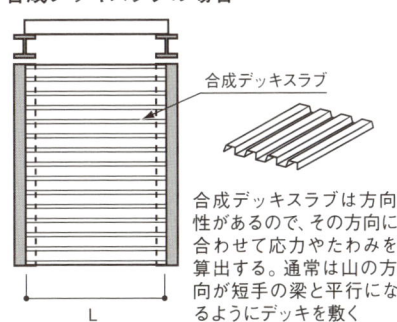

合成デッキスラブ

合成デッキスラブは方向性があるので、その方向に合わせて応力やたわみを算出する。通常は山の方向が短手の梁と平行になるようにデッキを敷く

耐震壁に効率よく
水平力を伝達する剛床

仮定としての剛床

　剛床とは、地震力や風圧力などの水平力を受けてもまったく変形しない床のことです。また、床の剛性が高いほど水平力の伝達能力が向上するため、剛床は最も効率よく水平力を伝達する理想の床でもあります。

　一般に剛床というとき、「理論上の剛床（剛床仮定）」と「施工してつくる剛床」の2つの意味で使われます。

　理論上の剛床とは、構造計算を簡略化するために、実際の床の状況にかかわらず、計算上、剛床と仮定する床のことです。床が伝達する水平力は、床の剛性から算出することができますが、計算が複雑です。そのため一般的に、構造計算では、「剛床仮定」として構造計算します。

　剛床仮定は、床の状況を考慮しない理論値であるため、極端な言い方をすれば、床面がない吹抜けも剛床とみなして構造計算することが可能です。

　一貫構造計算プログラムは剛床仮定を基本とするものが大半です。吹抜けなどがある場合は、設定を解除して、実際に近い計算を行う必要があります。剛床となっていない場合でも、耐震壁の間隔を狭くすることで床が支える水平力を小さくし、剛床のように考えることができます（図）。

施工してつくる剛床

　現実には、「まったく変形しない」剛な床をつくることは不可能です。ただし、鉄筋コンクリート造や鉄骨造でコンクリート床を採用した場合は、ほとんど理論値の剛床に近いと考えても差し支えありません。

　木造の場合は、材質が比較的柔らかいため、剛床を成立させるのは困難です。ただし、剛床を「効率よく水平力を伝達できる床」という機能だけに着目すれば、柔らかい床でも、壁と壁の間隔を狭めることで、計算上の剛床仮定は成立します。

　一般に、木造では、根太を省き構造用合板を梁や大引、土台に直接留めた床を剛床といいます。

剛床は「理論上の剛床」と「施工してつくる剛床」という2つの意味があります

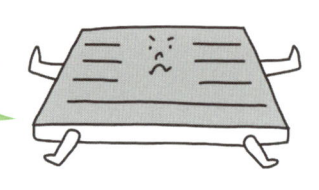

図

剛床の特徴

剛床（応力計算上の剛床）

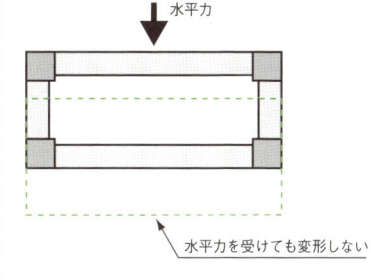

水平力
水平力を受けても変形しない

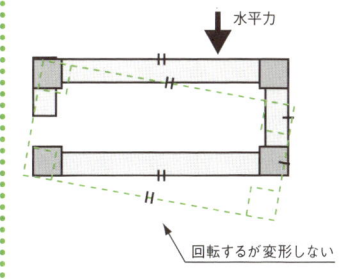

回転するが変形しない

非剛床

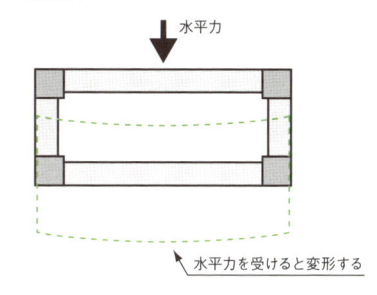

水平力
水平力を受けると変形する

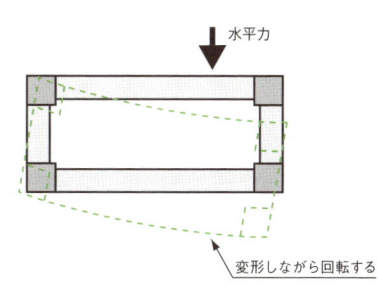

変形しながら回転する

耐震壁の位置で柔らかい床を剛床に近づける

①非剛床で耐震壁どうしの間隔が広い場合

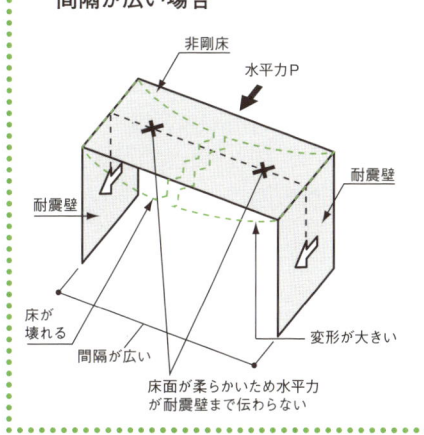

非剛床
水平力P
耐震壁
耐震壁
床が壊れる
間隔が広い
変形が大きい
床面が柔らかいため水平力が耐震壁まで伝わらない

②非剛床で耐震壁どうしの間隔が狭い場合

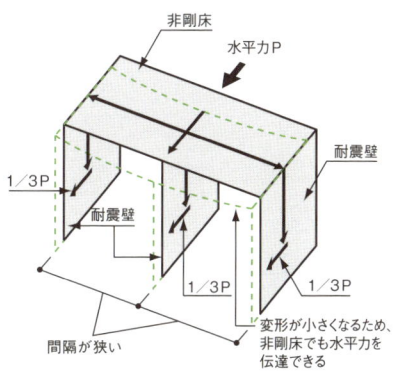

非剛床
水平力P
耐震壁
耐震壁
1/3P
1/3P
1/3P
間隔が狭い
変形が小さくなるため、非剛床でも水平力を伝達できる

力の伝達が難しい スキップフロア・吹抜け

スキップフロアの弱点

　スキップフロアとは、床面の高さをずらしながら階を配置したものです。室内空間に変化を与えたり、狭い敷地に建築する場合や傾斜地に住宅を計画する場合に有効な手段です。

　スキップフロアで最も注意すべき点は、剛床(ごうしょう)が成り立ちにくいということです。段差部分があるため床が一体とならず、柱や梁(はり)、壁から流れてきたせん断力をほかの柱・梁・壁に伝達することができません。

　したがって、スキップフロアを計画する場合は、耐震壁(たいしんへき)などの耐震要素をバランスよく配置し、床面での力のやり取りを極力少なくする必要があります。そのような配置が難しい場合は、剛床となるように床面や上下階の接続部分を補強します。

　特に床段差部分に大きなせん断力が生じるので、段差部分は耐震壁などで十分に補強します（図1）。

吹抜け部分の弱点

　吹抜けはスキップフロア同様に、力の伝達が難しいことが構造的弱点となります。吹抜けがあると床の一部が欠けるため剛床となり難く、力の伝達能力が低下します。

　吹抜けを設ける場合は、吹抜け側にある耐震壁の一部を床と接続させるか、吹抜け部分の梁を補強して応力の伝達ができる仕様とします。吹抜けの位置についても注意が必要です。特に建物中央部に吹抜けを計画することはできるだけ避けます。建物中央に吹抜けを設ける場合は、吹抜けの両側の床面をキャットウォークなどの床でつなげ、床面の一体性を高めるようにします。

　吹抜け部分にある柱の座屈(ざくつ)長さにも注意を要します。木造で吹抜けに通し柱を設けると、途中で柱を拘束(こうそく)する床がないため座屈長さが長くなり、その分、圧縮耐力(たいりょく)が小さくなってしまいます（図2）。

> スキップフロアや吹抜けは構造的弱点なので要注意です

図1

スキップフロアの設計上のポイント

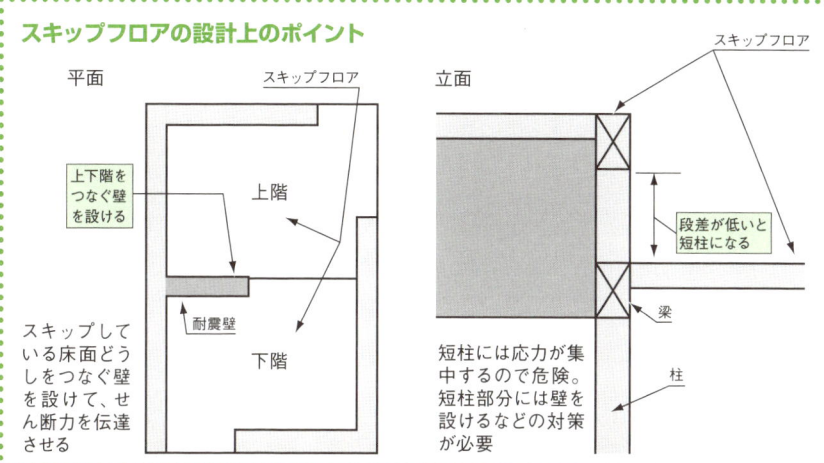

平面

- スキップフロア
- 上下階をつなぐ壁を設ける
- 上階
- 耐震壁
- 下階

スキップしている床面どうしをつなぐ壁を設けて、せん断力を伝達させる

立面

- スキップフロア
- 段差が低いと短柱になる
- 梁
- 柱

短柱には応力が集中するので危険。短柱部分には壁を設けるなどの対策が必要

図2

吹抜けの構造的弱点と対処法

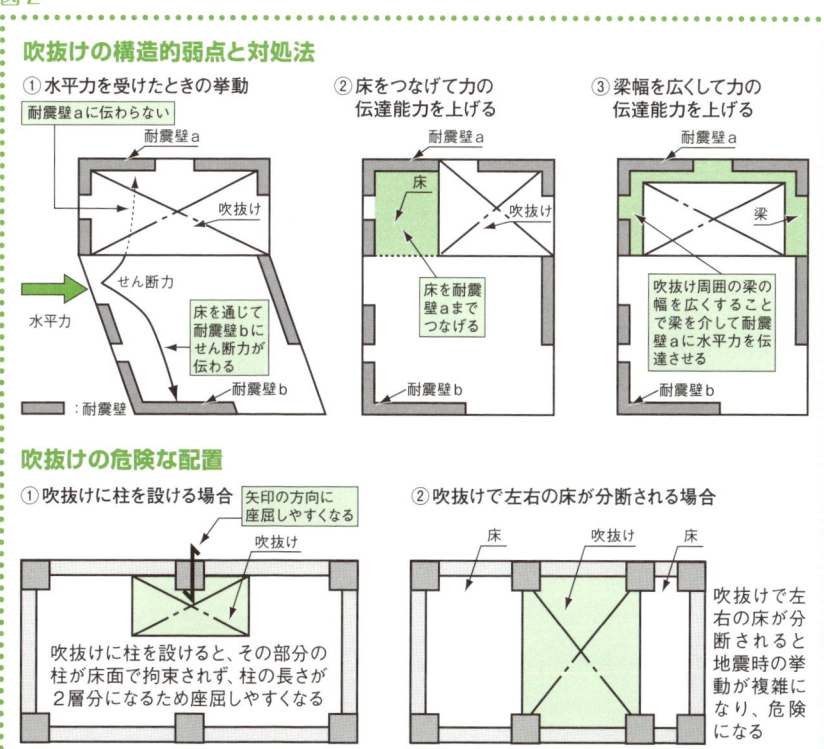

①水平力を受けたときの挙動

- 耐震壁aに伝わらない
- 耐震壁a
- 吹抜け
- せん断力
- 水平力
- 床を通じて耐震壁bにせん断力が伝わる
- 耐震壁b
- ■：耐震壁

②床をつなげて力の伝達能力を上げる

- 耐震壁a
- 床
- 吹抜け
- 床を耐震壁aまでつなげる
- 耐震壁b

③梁幅を広くして力の伝達能力を上げる

- 耐震壁a
- 梁
- 吹抜け周囲の梁の幅を広くすることで梁を介して耐震壁aに水平力を伝達させる
- 耐震壁b

吹抜けの危険な配置

①吹抜けに柱を設ける場合

- 矢印の方向に座屈しやすくなる
- 吹抜け

吹抜けに柱を設けると、その部分の柱が床面に拘束されず、柱の長さが2層分になるため座屈しやすくなる

②吹抜けで左右の床が分断される場合

- 床
- 吹抜け
- 床

吹抜けで左右の床が分断されると地震時の挙動が複雑になり、危険になる

3　建物を支える構造部材と基礎

構造の種類で変わる屋根の設計

屋根の架構

　木造では、屋根の形状を形づくる架構のことを小屋組といいます。代表的な小屋組は、和小屋と洋小屋です。

　和小屋は、梁・桁に束を立て、母屋と垂木を掛けて屋根の荷重を支えます。洋小屋は、トラス構造とも呼ばれます。

　木造で使われる屋根の形状は、切妻、寄棟、方形、入母屋、片流れ、陸屋根などが一般的です。

　鉄骨造では、木造同様に梁や母屋などの水平部材で小屋組を組むか、トラスをフラット状や山形、ボールト状に配置して架構をつくるのが一般的です。トラスには、木造の洋小屋でも使われるキングポストトラスやクイーンポストトラスのほか、フラットトラス、ハウトラス、ワーレントラス、球のボールジョイントを用いた立体トラスなどがあります（図1）。

　鉄筋コンクリート造では、床と同様に、躯体と一体として屋根を形づくることがほとんどです。このほか、球状の屋根形をもつシェル構造や、半円板を並べたリブボールト屋根、三角形の板を組み合わせた折板構造の屋根などがあります。

屋根に作用する荷重

　屋根で注意すべきは風荷重です。特に、海辺や高台などの風が強く吹く地域では、風荷重の検討が重要です。また、軒の出が大きい建物では、風による吹上げの荷重も無視できません。

　さらに、多雪区域では積雪荷重が構造計画上、大きな問題となります。勾配屋根では、勾配に応じて積雪荷重を低減することができますが、雪を落とす方向によっては、積雪による側圧が壁面に生じる場合がありますので、注意が必要です（図2）。

　竣工後は人が載らない屋根でも、施工中は人や資材が載る場合があるため、あらかじめ屋根がどの程度の積載荷重に耐えられるかを検討しておく必要があります。また、日射や気温の影響による伸縮で屋根にひび割れが生じないようにしておかなければなりません。

> 屋根の架構は、木造や鉄骨造では小屋組が一般的です

図1

木造の小屋組

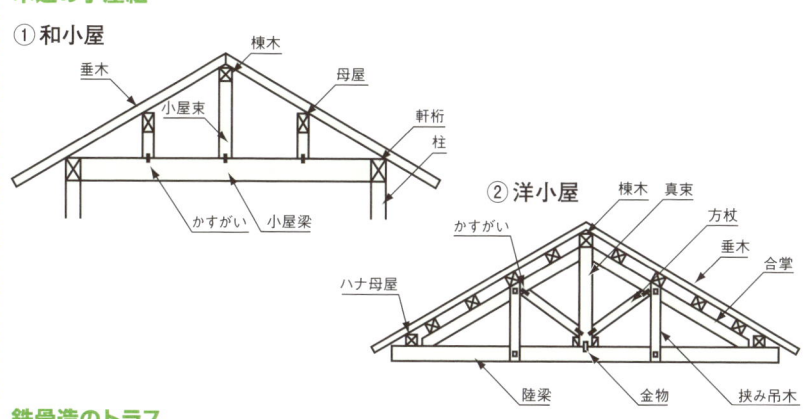

① 和小屋

棟木・垂木・小屋束・母屋・軒桁・柱・かすがい・小屋梁

② 洋小屋

棟木・真束・方杖・垂木・合掌・かすがい・ハナ母屋・陸梁・金物・挟み吊木

鉄骨造のトラス

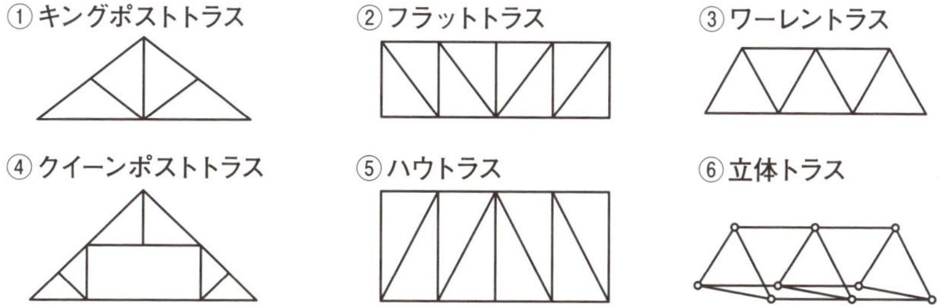

① キングポストトラス
② フラットトラス
③ ワーレントラス
④ クイーンポストトラス
⑤ ハウトラス
⑥ 立体トラス

図2

屋根に作用する荷重

風圧力

① 平地の場合

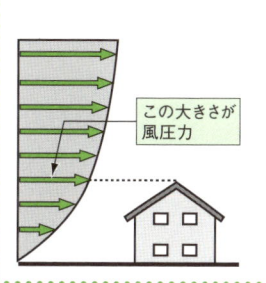

この大きさが風圧力

② 高台の場合

この大きさが風荷重となるので、風圧力が平地より大きくなる

積雪荷重

雪止めがある場合積雪荷重を低減すると危険

勾配に応じて積雪荷重を低減できる

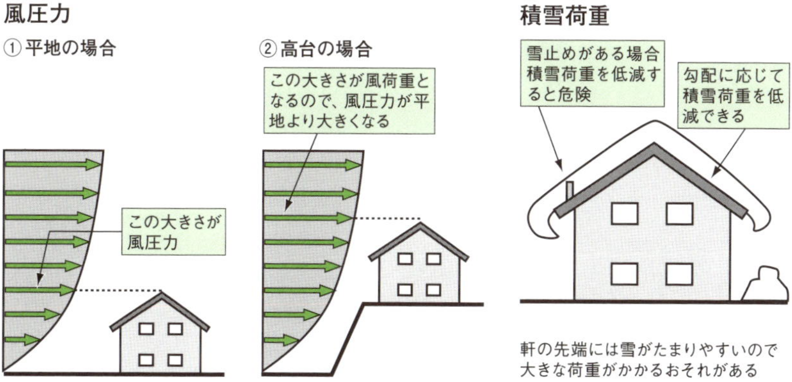

軒の先端には雪がたまりやすいので大きな荷重がかかるおそれがある

大きさが制限される耐震壁の開口

木造の開口部設計

構造設計では、耐震壁（耐力壁）などの耐震要素に開口部を設ける場合、その位置や大きさが重要になります。

木造では、開口部の補強方法についての規定がないため、通常、開口部がある壁は耐力壁とはみなさず設計します。

2007年の建築基準法改正に伴い改訂された『建築物の構造関係技術基準解説書』（国土交通省住宅局建築指導課）には、耐力壁に設ける開口部の大きさは上限が500mm角と記載されています。ただしこれでは半間（910mm）程度の幅の壁の場合、開口部としては大きすぎると考えられます。耐震要素とみなすかどうかは設計者の判断が分かれるところです。

鉄骨造の開口部設計

鉄骨造では、ラーメン構造の場合、柱・梁だけで耐震要素となるため、開口をそれほど気にする必要がありません。ブレース構造の場合は、ブレースを切断できないので、開口部とブレースが干渉しないよう配置に注意します。

鉄筋コンクリート造の開口部設計

鉄筋コンクリート造では、耐震壁に設けられる開口部の条件が明確に規定されています。壁の面積に対する開口面積の割合、階高に対する開口高さの割合、壁の長さに対する開口長さの割合などです。

また、耐震壁に設ける開口部は、特に隅角部に応力が集中するため、周囲に補強筋や斜め筋を入れて補強します。

鉄筋コンクリートでつくる壁は剛性が非常に高いため、開口部の規定を満たさない壁でも、配置位置によっては柱や梁の剛性に影響を与えます。

このような壁は、通常は、耐震スリットを設けて、柱にせん断力が集中しないよう設計します。逆に、耐震補強では、これらの壁や柱の壊れ方を確認して耐力として活用することもあります（図）。

開口部の構造設計では大きさと位置に注意します

開口部の設計

木造の開口部

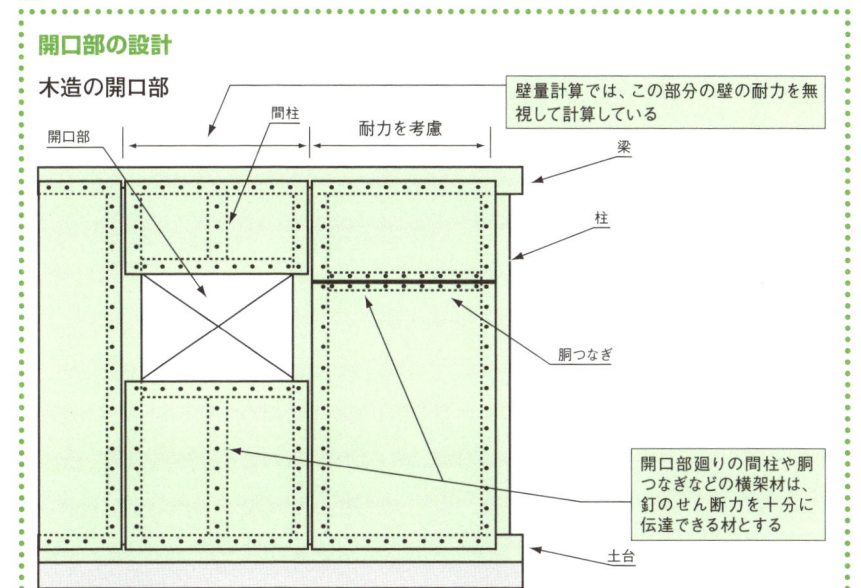

- 開口部
- 間柱
- 耐力を考慮
- 壁量計算では、この部分の壁の耐力を無視して計算している
- 梁
- 柱
- 胴つなぎ
- 開口部廻りの間柱や胴つなぎなどの横架材は、釘のせん断力を十分に伝達できる材とする
- 土台

鉄骨造の開口部

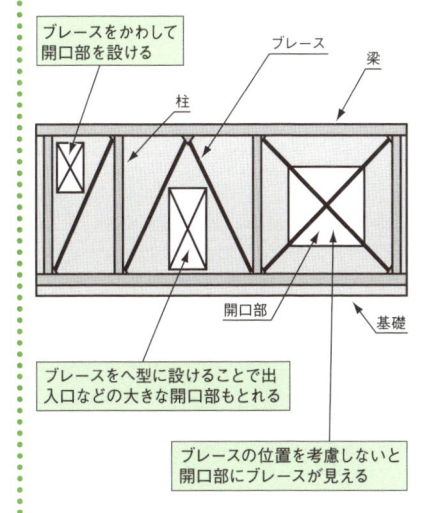

- ブレースをかわして開口部を設ける
- 柱
- ブレース
- 梁
- 開口部
- 基礎
- ブレースをへ型に設けることで出入口などの大きな開口部もとれる
- ブレースの位置を考慮しないと開口部にブレースが見える

ラーメン構造の場合、柱・梁だけで耐震要素になるので自由に開口部がとれる。ブレース構造の場合、ブレースの設け方を考慮しながら開口部の位置を決める

鉄筋コンクリート造の開口部

①開口部の補強材

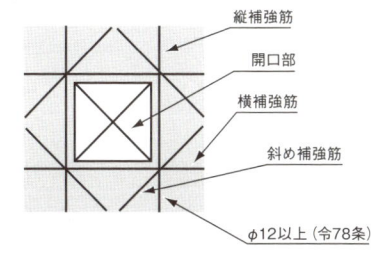

- 縦補強筋
- 開口部
- 横補強筋
- 斜め補強筋
- φ12以上（令78条）

②耐震壁に設ける開口部の条件

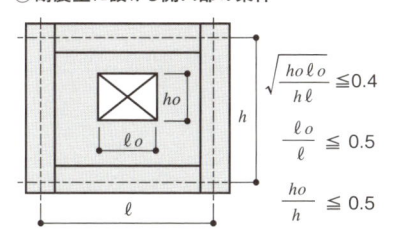

$$\sqrt{\frac{h_o \ell_o}{h \ell}} \leq 0.4$$

$$\frac{\ell_o}{\ell} \leq 0.5$$

$$\frac{h_o}{h} \leq 0.5$$

単純梁や片持ち梁で考える階段の構造

　階段は、単純梁形式と片持ち梁形式の2つの形式に分けられます。単純梁形式は、上下階の梁を階段がつなぐもので、側桁階段やささら桁階段などが該当します。単純梁形式の階段で気を付けなければならないことは、側桁やささら桁に曲げモーメントと軸力が生じることです。一方、片持ち梁形式は、片側の壁や支柱から片持ちで段板を持ち出す階段です。片持ち梁形式の構造計算は、梁の場合と同様です。

踏み板のたわみ量

　踏み板のたわみ量には明確な基準はありませんが、繰返荷重が踏み板にかかることを考慮すると、床スラブや梁と同様に、踏み板の横幅の1／250程度の変形量に抑えることを目安にします。住宅の階段では、一般的な成人が荷物を持って上がる状況を想定して、1段当たり1,000 Nの集中荷重を見込んで構造計算を行います（図1）。

用途で変わる手摺の設計

　手摺の設計には構造規定が特にありません。
　ただし、安全な手摺設計をするためには、用途によって設定する荷重を変えるなどの構造的な配慮が求められます。
　手摺の用途は、**①境界を示す手摺、②個人的用途に使う手摺、③公共的用途に使う手摺、④避難経路に使う手摺**、の4つに大別できます。
　①は、単純に境界を示すだけなので、特に構造的な配慮は必要ありません。
　②は、個人の住宅の階段やバルコニーに用いる手摺です。階段の手摺は落下を防ぐために水平方向の抵抗力を十分に確保することが求められます。
　③は、学校や劇場などに設置する手摺です。特に学校の手摺は、児童・生徒たちが寄りかかったり、乗ったりすることが考えられるので、こうした荷重を加味して構造の安全性を確認しなければなりません。
　④は、避難階段などに設置する手摺です。最も荷重に対して配慮が必要となります（図2）。

> 階段は、段板のたわみ量などから安全性を確認します

図1

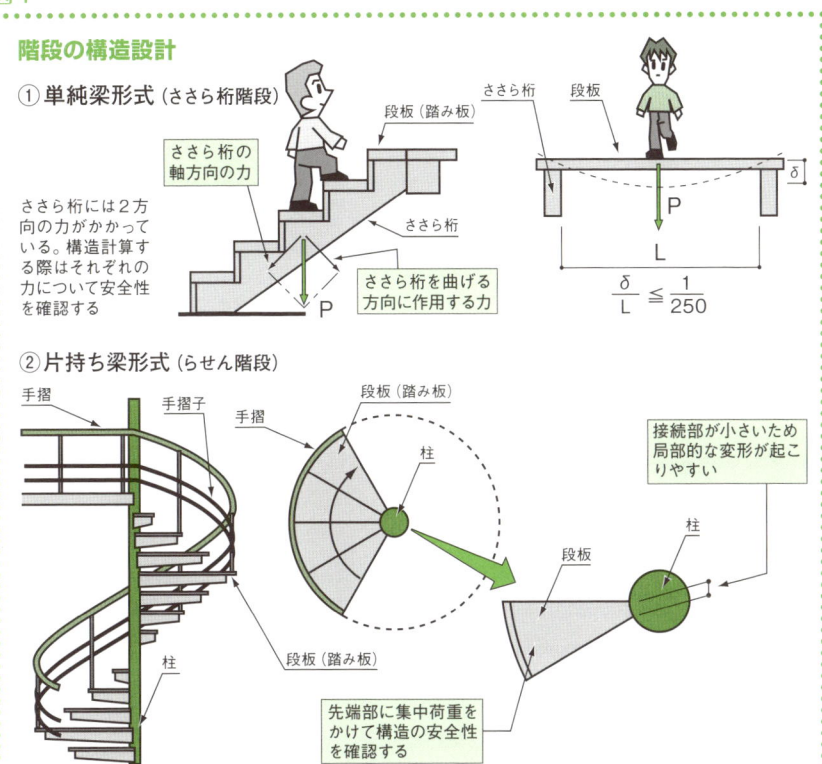

階段の構造設計

① 単純梁形式（ささら桁階段）

ささら桁には2方向の力がかかっている。構造計算する際はそれぞれの力について安全性を確認する

- ささら桁の軸方向の力
- 段板（踏み板）
- ささら桁
- ささら桁を曲げる方向に作用する力
- 段板
- ささら桁

$$\frac{\delta}{L} \leqq \frac{1}{250}$$

② 片持ち梁形式（らせん階段）

- 手摺
- 手摺子
- 手摺
- 段板（踏み板）
- 柱
- 段板（踏み板）
- 柱
- 段板
- 柱

接続部が小さいため局部的な変形が起こりやすい

先端部に集中荷重をかけて構造の安全性を確認する

図2

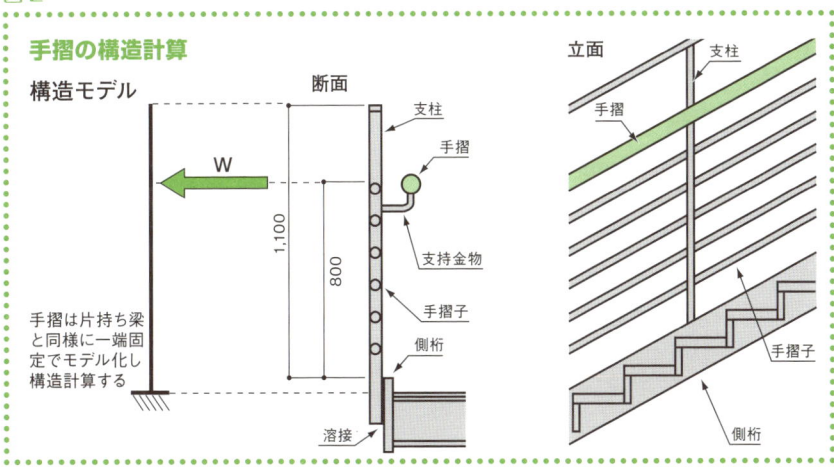

手摺の構造計算

構造モデル

手摺は片持ち梁と同様に一端固定でモデル化し構造計算する

- W
- 1,100
- 800

断面
- 支柱
- 手摺
- 支持金物
- 手摺子
- 側桁
- 溶接

立面
- 支柱
- 手摺
- 手摺子
- 側桁

在来軸組構法の部材をつなぐ継手と仕口

継手と仕口

　伝統構法や在来軸組構法などの木造では、部材の端部をさまざまな形状に加工して接合します。梁など、材を直線状につなぎ合わせて長さを延長する接合部を継手といい、代表的な継手に、鎌継ぎや蟻継ぎ、台持継ぎなどがあります。

　梁と柱など、2つ以上の部材を角度をつけてつなぎ合わせる接合部を仕口といいます。仕口は、2つの材の角度をつけて組み合わせるものを組手、柱に梁などを差し込んで留めるものを差し口といい、代表的な仕口には、長ホゾ、短ホゾや渡り腮などがあります。以前は、大工の手刻みによって継手・仕口を加工していましたが、現在はプレカット加工機を使って加工することがほとんどです（図1）。

　プレカット加工機はルーターと呼ばれる刃を回転させながら継手・仕口を加工するため、同じ種類の継手・仕口でも、手加工と比べて丸みを帯びた形状になります。

接合金物とN値計算

　在来軸組構法の木造では、構造耐力上主要な継手・仕口を、ボルトやかすがい、込み栓などで緊結することが義務付けられています。金物の仕様と使用する部位や設置方法は、2000年建設省告示1460号に定められています。告示金物は、筋かい金物と柱頭・柱脚金物の2種類があります（図2）。

　告示以外では、N値計算か許容応力度計算で金物を選択することができます。N値計算とは、耐力壁と柱の位置などから、1本の柱にかかる引抜き力を算定し、それ以上の耐力をもつ接合金物を選ぶ手法です。告示の仕様は、単体の耐力壁が水平力を受けたときの部材に生じる力を想定して金物の耐力を決めていますが、N値計算では、隣接する複数の耐力壁の影響を考慮しながら、柱に伝達される力のやりとりを設定しているため、より無駄のない金物選択が可能になります。

> 木造の接合部は、直線状に部材をつなぐ継手と直交する部材をつなぐ仕口があります

図1

木造の主な継手・仕口

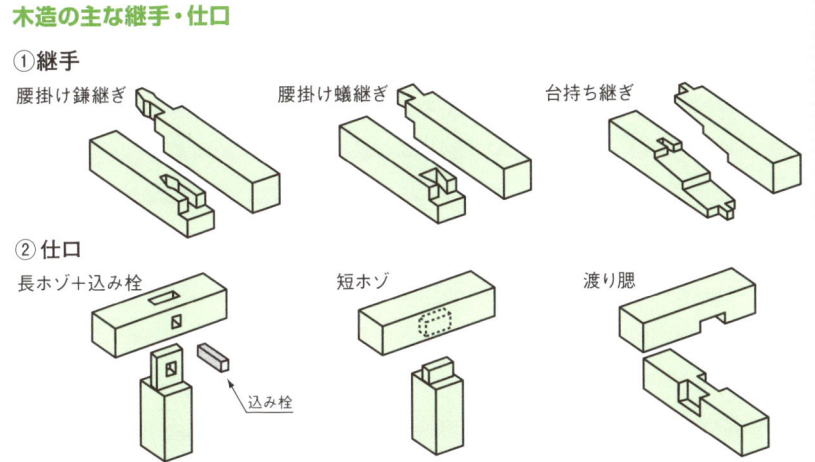

①継手

腰掛け鎌継ぎ　　腰掛け蟻継ぎ　　台持ち継ぎ

②仕口

長ホゾ+込み栓　　短ホゾ　　渡り腮

→込み栓

図2

木造の主な金物

柱／かど金物／土台／基礎

柱／山形プレート／土台／基礎

柱／かすがい／土台／基礎

筋かい／筋かい金物／柱／かど金物／土台／基礎

引寄せ金物／角座金／座金付きボルト／柱／土台／基礎

引寄せ金物／アンカーボルト／アンカーボルト／隅柱／土台／基礎

3　建物を支える構造部材と基礎

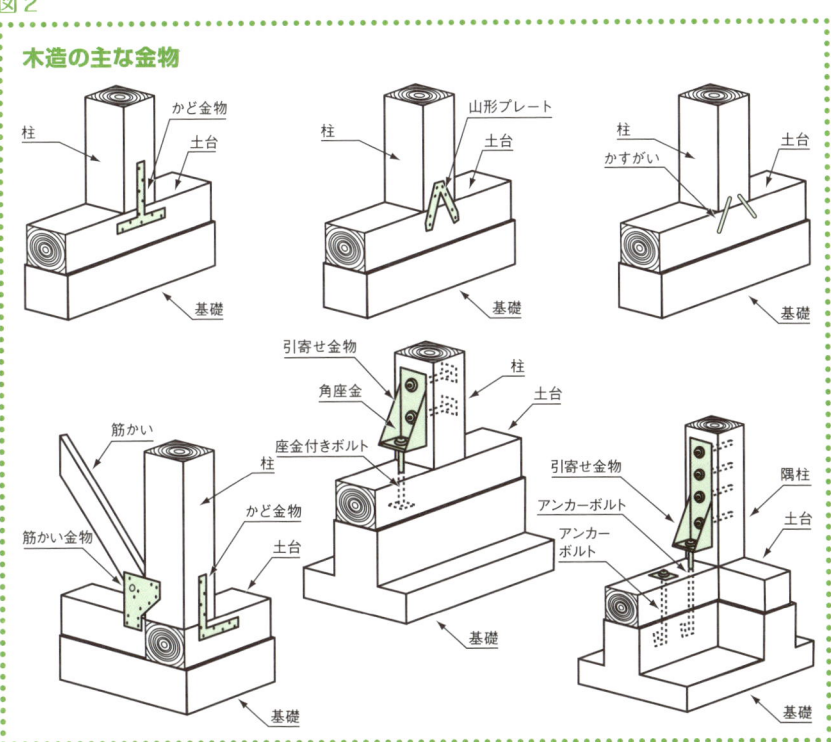

ボルト・プレート・溶接で行う鉄骨部材の接合

継手と仕口の種類

鉄骨造フレームの継手は、通常、剛接合にし、継手の位置は、部材に荷重がかかったときに曲げ応力が最も小さくなる場所（反曲点）に設けます。

現場での接合は、フランジを添え板（スプライスプレート）で挟みボルト接合し、ウェッブ部分も同様にスプライスプレートで挟み込み継手をつくるのが、中小規模の建物では一般的です。

大規模建物では、継手を現場溶接することが多く、施工精度を確保するために、あらかじめ工場で取り付けた仮設用のプレートで仮留めして溶接します。

梁―柱の仕口は、ピン接合と剛接合があります。ピン接合の場合、柱に溶接したガセットプレートと梁をボルトで留め、剛接合の場合は、鉄骨加工工場で柱に取り付けたブラケットに梁のフランジとウェッブをボルト接合します（図1）。

大梁―小梁の仕口は、大梁にガセットプレートを溶接し、小梁をボルトで接合する納まりとなります（図2）。

柱・梁―ブレースの仕口は、柱・梁にガセットプレートを溶接し、それにブレースをボルトで接合します（図3）。

ボルトと溶接の種類

鉄骨部材を接合するボルトには、普通ボルトと高力ボルトがあります。高力ボルトは、軸部分の引張り耐力と強く締め付けられた部材に生じる摩擦力で接合するため、普通ボルトと比べて、接合は強固になります（図4）。

溶接はボルト接合のように断面欠損ができず、また部材同士を溶かし一体とするため、応力の伝達もスムーズです。反面、溶接する環境や施工者の技術に接合強度が左右されるという欠点があります。

建築に用いられる代表的な溶接は、継目の形状から、①突合せ溶接、②隅肉溶接、③部分溶込み溶接、の3つに分類できます（図5）。

> 鉄骨造の継手は、曲げ応力が最も小さくなる場所に設けます

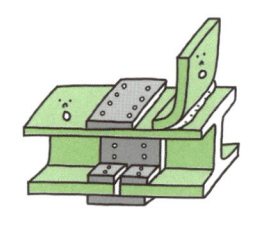

図1 柱・梁仕口（剛接合）

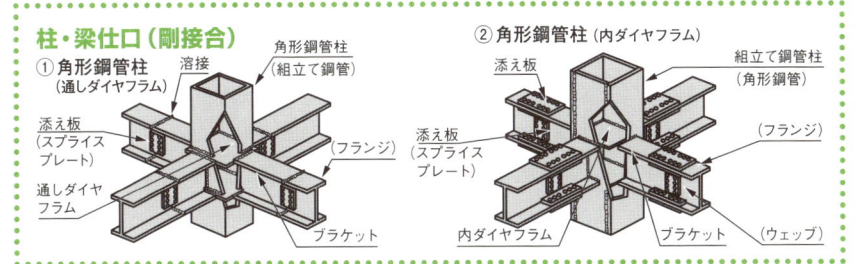

① 角形鋼管柱（通しダイヤフラム）
- 溶接
- 角形鋼管柱（組立て鋼管）
- 添え板（スプライスプレート）
- 通しダイヤフラム
- （フランジ）
- ブラケット

② 角形鋼管柱（内ダイヤフラム）
- 添え板
- 組立て鋼管柱（角形鋼管）
- 添え板（スプライスプレート）
- 内ダイヤフラム
- （フランジ）
- ブラケット
- （ウェブ）

図2 大梁・小梁仕口（ピン接合）
- （フランジ）
- 大梁
- （ウェブ）
- 小梁
- ガセットプレート

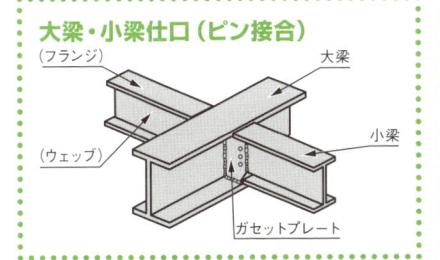

図3 ブレース仕口（ピン接合）
- 角形鋼管柱
- 溶接
- ガセットプレート
- H形鋼梁
- （フランジ）
- （ウェブ）
- 丸鋼ブレース

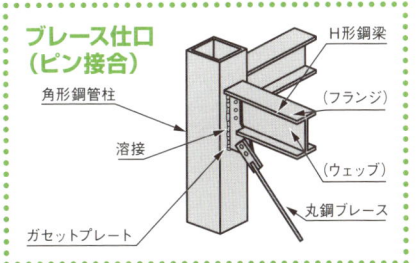

図4 高力ボルトの接合

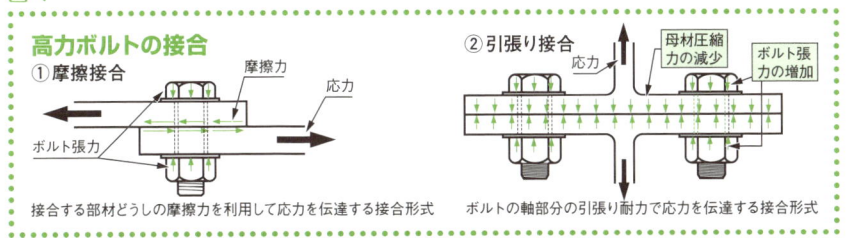

① 摩擦接合
- 摩擦力
- 応力
- ボルト張力

接合する部材どうしの摩擦力を利用して応力を伝達する接合形式

② 引張り接合
- 応力
- 母材圧縮力の減少
- ボルト張力の増加

ボルトの軸部分の引張り耐力で応力を伝達する接合形式

図5 溶接の種類

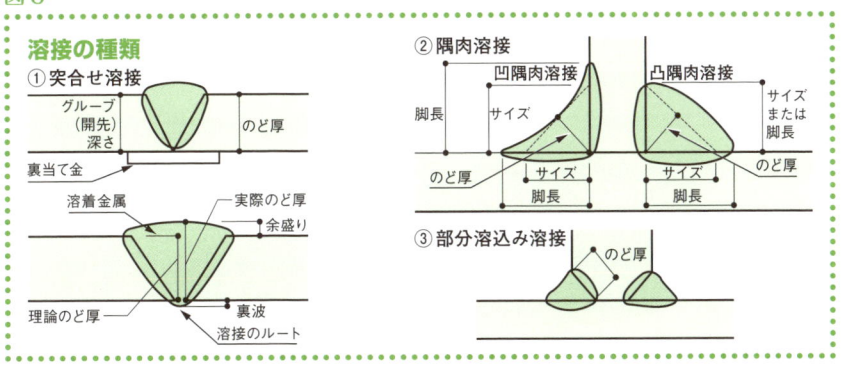

① 突合せ溶接
- グルーブ（開先）深さ
- のど厚
- 裏当て金
- 溶着金属
- 実際のど厚
- 余盛り
- 理論のど厚
- 裏波
- 溶接のルート

② 隅肉溶接
- 凹隅肉溶接
- 凸隅肉溶接
- サイズ
- 脚長
- のど厚
- サイズまたは脚長

③ 部分溶込み溶接
- のど厚

3 建物を支える構造部材と基礎

鉄筋の継手方法と定着長さが重要な鉄筋コンクリートの接合部

鉄筋の継手方法と定着長さ

　木造や鉄骨造は、柱や梁に継手・仕口を設けて部材を接合しますが、鉄筋コンクリート造は、現場でコンクリートを打設し、柱や梁が一体化した躯体をつくるため、部材に継手や仕口が存在しません。

　ただし、鉄筋コンクリートの部材に生じる力は主に内部の鉄筋が伝達するため、各部材内の鉄筋どうしの接合方法には十分な注意が必要です。鉄筋どうしを確実に接合させるには、継手方法と定着長さが重要になります。

　鉄筋の一般的な継手方法は重ね継手と圧接です。重ね継手は、鉄筋が重なるように配置し、コンクリートの付着力で鉄筋どうしの応力を伝達する方法です。

　端部を曲げてフックをつくって鉄筋を重ねる方法と、鉄筋を単純に重ねる方法の2種類があります。

　鉄筋を重ねる長さは、コンクリートの強度や配筋位置、鉄筋の種類・径・端部形状などで異なります。

　圧接には、鉄筋の端部にガスで熱を加え、圧力をかけて鉄筋どうしを圧着するガス圧接や、先端部を突き合わせて溶接するエンクローズ溶接があります。

　継手方法には、このほかにも鉄筋の先端にネジを取り付け、ネジで鉄筋を接合するネジ形継手などもあります。

　継手の位置は、応力が小さい場所に設け、また継手位置が隣り合わないようにずらしながら配筋します（図）。

定着長さを確保する

　鉄筋コンクリート造では、一方の部材の鉄筋を延ばし、他方の部材に埋め込んで緊結することを定着といいます。

　定着長さとは、このとき埋め込んだ鉄筋の長さのことで、継手長さ同様、鉄筋の種類や部材などによって、必要な長さが異なります。定着させる鉄筋は端部を90°または180°折り曲げて強固に定着させるようにします。

鉄筋の継手方法と定着長さによって接合部の構造性能が決まります

図

コンクリートの接合部

部材の接合部

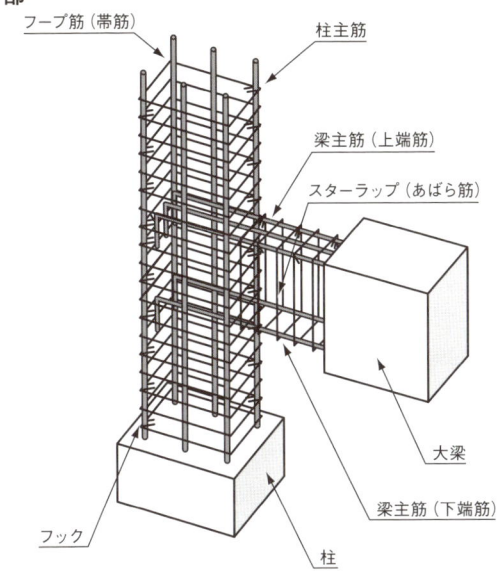

- フープ筋（帯筋）
- 柱主筋
- 梁主筋（上端筋）
- スターラップ（あばら筋）
- 大梁
- 梁主筋（下端筋）
- フック
- 柱

鉄筋の接合部

① 重ね継手（丸鋼）　　フック

② 重ね継手（異形鉄筋）

③ ガス圧接

④ エンクローズ溶接

⑤ ねじ形継手

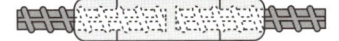

不整形な建物はエキスパンションジョイントで分割する

エキスパンションジョイント

　平面的に長い建物や複雑な形状の建物などでは、建物の各部分にかかる荷重が一様でなくなるため、建物を構造的に複数の部分に分けて計画する場合があります。この建物を各部分に分けたときの接合部をエキスパンションジョイントと呼びます。

　平面的に長い建物では、温度応力による部材の伸縮が大きくなります。躯体（くたい）がコンクリートの場合は乾燥収縮が大きくなり、ひび割れや破損が生じるおそれもあります。そのため、一般的に、長さが100mを超える建物には、エキスパンションジョイントを設けます。

　また、平面が複雑な形状の建物は、偏心（へんしん）を起こしやすく、地震や暴風時に建物の一部に力が集中するおそれがあります。このためエキスパンションジョイントを設けて、建物が整形な部分の組合わせになるように分割し、偏心率を小さくします。

　このほか、高層の建物の剛性率（ごうせい）の調整や、軟弱地盤での、不同沈下（ふどうちんか）の影響を避けるためにもエキスパンションジョイントが使われることがあります。

エキスパンションジョイントの設計

　構造的に建物を分割するためには、エキスパンションジョイントが自由に動ける形状でなければなりません。エキスパンションジョイントの形状には、滑り型、蛇腹型（じゃばら）、ボールト型、ヒンジ型、櫛型（くし）などがあります。

　また、エキスパンションジョイントの設計では、クリアランスの確保が重要になります。構造的に分割してもクリアランスが十分でないと、建物が動いた際に建物どうしがぶつかるおそれがあるからです。

　保有水平耐力計算では、隣り合う建物部分の変形を足し合わせた値だけクリアランスを確保します。保有水平耐力計算を行わない場合は、少なくとも隣り合う部分の層間変形角の1／50程度の距離を確保します（図）。

> 不整形な平面形状の建物は、整形になるよう分割します

図

エキスパンションジョイントが必要な建物

① 長い建物

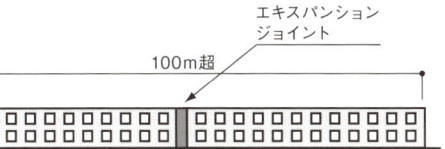

100m超

エキスパンションジョイント

② 平面形状が複雑な建物

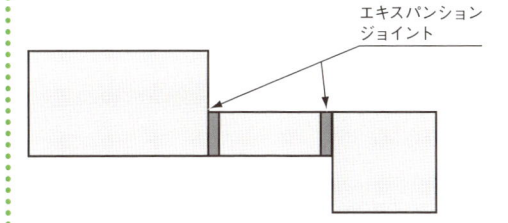

エキスパンションジョイント

③ 立面形状が複雑な建物

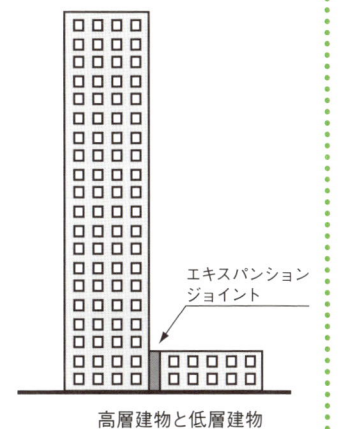

エキスパンションジョイント

高層建物と低層建物

エキスパンションジョイントの形状

① 滑り型

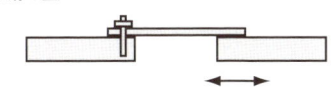

② 蛇腹型

③ ボールト型

④ ヒンジ型

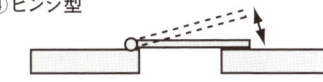

⑤ 櫛型

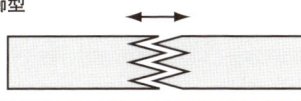

クリアランスのとり方

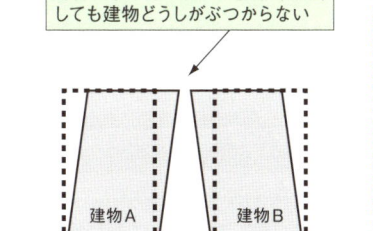

建物に水平力が加わり移動（変形）しても建物どうしがぶつからない

建物A　建物B

クリアランス

大地震時の建物の変形量からクリアランスを決める

3　建物を支える構造部材と基礎

地盤の耐力で決まる基礎の形式

基礎の形式

　基礎の形式には、直接基礎と杭基礎があります。

　建物の重量などの長期の鉛直荷重に対して、地盤表層部が十分な耐力をもっていれば直接基礎、そうでなければ杭基礎を選択します。建物の高さや構造形式などを考慮することもあります。

　直接基礎には、布基礎、独立基礎、ベタ基礎があります。布基礎は、T字を逆にした形、またはL字形の基礎で、フーチング（底盤）によって建物の荷重を地盤に伝えます。フーチングが連続せず、柱ごとに単独に設けられた基礎を独立基礎といいます。一方、ベタ基礎は、基礎スラブで建物の荷重を地盤に伝える基礎です。

　杭基礎は、軟弱な地盤で用いられる基礎形式です。建物の荷重を支える耐力がある地盤まで杭を打ち込んで、建物を支持します。施工方法により場所打ち杭と既製杭に、支持力の確保方法により支持杭と摩擦杭に分類されます（図1）。

地業の種類

　直接基礎を施工する場合は、基礎の底盤が接する地盤をならして固めます。この作業を地業といいます。地業は、躯体の位置決めや鉄筋・型枠の受台となる捨てコンクリートを打設する前工程として行います（図2）。

　一般に行われる地業には、割栗地業、砂利地業、直接地業の3つがあります。

①割栗地業

　直径200～300mm程度の硬質の石（割栗石）を小端立てに密に敷き込み、隙間を目潰し砂利で埋めて固める地業です。

②砂利地業（砕石地業）

　最大の直径が45mm程度の砕石や砂利を、厚さ60mm以上確保しながら均等に敷き詰めて固める地業です。転圧を十分に行う必要があります。

③直接地業

　水はけがよく、地耐力が十分に確保されている場合は、割栗石や砕石を用いず、接地地盤を直接締め固めます。

> 基礎には直接基礎と杭基礎の2種類があります

図1

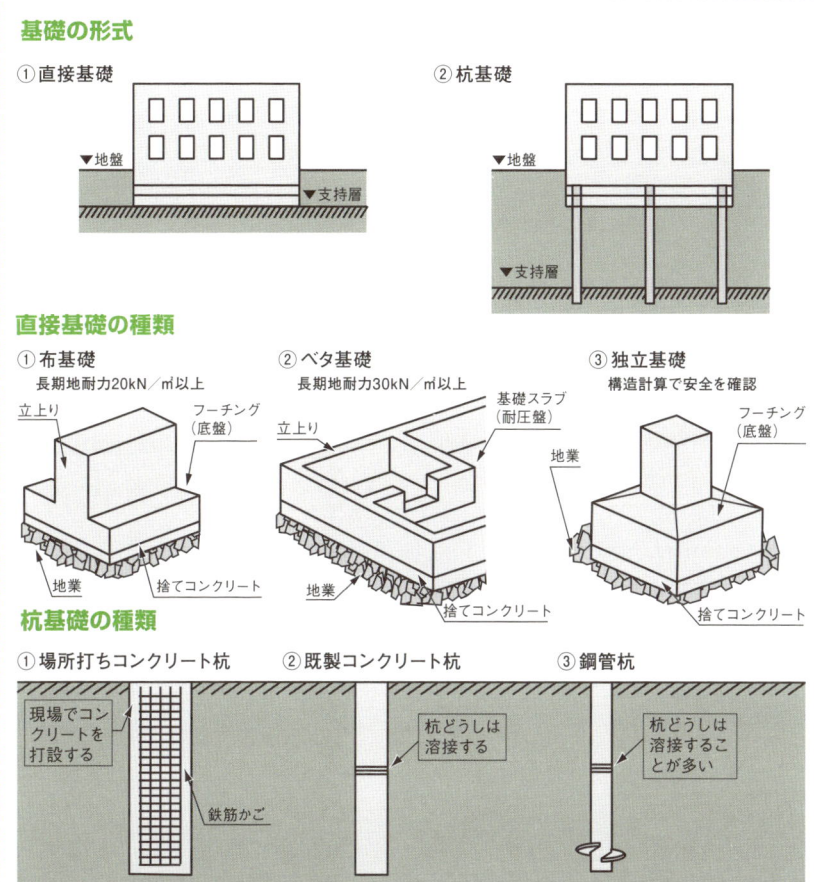

基礎の形式

① 直接基礎　　　　　　　　　② 杭基礎

▼地盤　　▼支持層　　　　　　▼地盤　　▼支持層

直接基礎の種類

① 布基礎
長期地耐力20kN／㎡以上
- 立上り
- フーチング（底盤）
- 地業
- 捨てコンクリート

② ベタ基礎
長期地耐力30kN／㎡以上
- 立上り
- 基礎スラブ（耐圧盤）
- 地業
- 捨てコンクリート

③ 独立基礎
構造計算で安全を確認
- 地業
- フーチング（底盤）
- 捨てコンクリート

杭基礎の種類

① 場所打ちコンクリート杭
- 現場でコンクリートを打設する
- 鉄筋かご

② 既製コンクリート杭
- 杭どうしは溶接する

③ 鋼管杭
- 杭どうしは溶接することが多い

図2

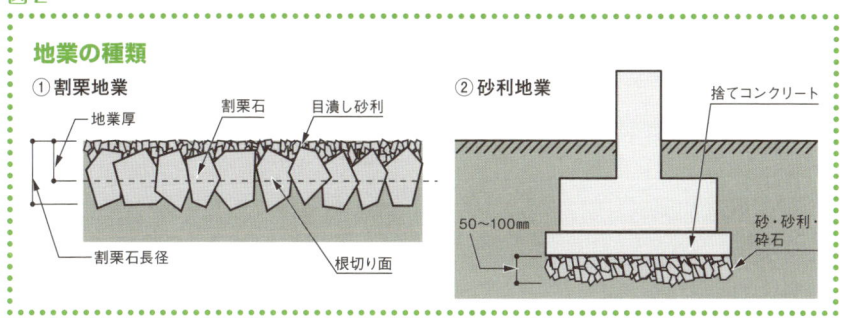

地業の種類

① 割栗地業
- 地業厚
- 割栗石
- 目潰し砂利
- 割栗石長径
- 根切り面

② 砂利地業
- 捨てコンクリート
- 50〜100mm
- 砂・砂利・砕石

3 建物を支える構造部材と基礎

地盤の種類と性質

地盤を読む

地盤の種類と性状を把握することは、建物の安全性を確保するために非常に重要です。主な地盤の種類は、砂質地盤、粘土質地盤、岩盤ですが、地盤の状況によって、使用できる基礎形式や杭の工法が違ってきます。

砂質地盤は、礫や砂の粒子の大きさによって、地盤の耐力が大きく異なります。細砂の地盤では地震時に液状化するおそれがあるため、基礎は慎重に選択する必要があります。

粘土質地盤は、古い地層であればよく引き締まっているため、直接基礎を設けることも可能です。しかし、比較的新しい地層では、地盤が十分に引き締まっていないため、圧密と呼ばれる現象が起こり、長期にわたって建物が沈下するおそれがあります。ロームも粘土質地盤に近い性質をもち、シルトは、粘土と砂質地盤の中間的な性質をもっています（図1）。

岩盤は、強固で安定した地質であり、直接基礎を設けることが可能です。

地盤の性質以外に確認しておかなければならない地盤の性状に、地下水位があります。
地下室がある建物で地下水位が高いと浮き上がりの力が発生するために建物に過大な力が生じることになります。

また、一見問題がないように見える土地でも、もとは川や崖地だったり、古い炭鉱町では地下孔を埋め立ててあったりする場合があります。古地図で地盤の履歴を知ることも重要です。

地質によって変わる地震力

地盤の性質によって、地震力が作用したときの建物の揺れ方が大きく変わります。建築基準法施行令88条では、建物の振動特性を決める要因の1つに「地盤の種類」を挙げています。一般に軟弱な地盤ほどゆっくりと揺れ、地盤が硬くなると細かく揺れます（図2）。

> 砂質地盤は液状化、粘土質地盤は圧密沈下に注意します

図1

砂質地盤と粘土質地盤

砂質地盤（砂質土）

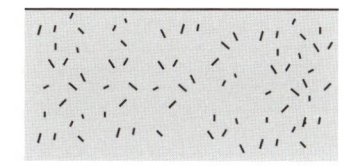

砂質が均質で水分を多く含んでいると液状化を起こしやすい。また、地盤中の礫が大きい場合は杭基礎の施工が難しい

粘土質地盤（粘性土）

① 古い粘土質地盤

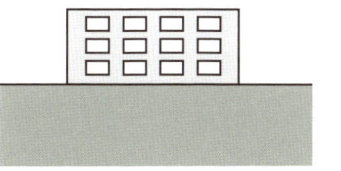

堅固で支持力が大きいが、地盤が露出すると風化するおそれがある

② 新しい粘土質地盤

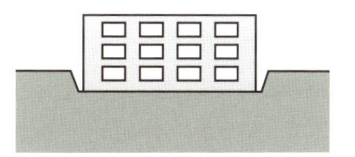

比較的軟らかく、長期にわたって圧密沈下するおそれがある。ローム層も同じような性質をもつ

図2

地盤の地耐力（建築基準法施行令93条）

地盤	長期許容応力度(kN／㎡)	短期許容応力度(kN／㎡)
岩盤	1,000	長期の2倍
固結した砂	500	
土丹盤	300	
密実な礫層	300	
密実な砂質地盤	200	
砂質地盤（液状化のおそれがないもの）	50	
堅い粘土質地盤	100	
粘土質地盤	20	
堅いローム層	100	
ローム層	50	

地盤調査と地盤改良

代表的な地盤調査方法

地盤は、場所や深さによってさまざまな性状をもっています。建設前には、地盤調査を行い、計画している建物を地盤が支持できることを確認しなければなりません。

よく用いられる調査方法は、ボーリング調査＋標準貫入試験、平板載荷試験、静的貫入試験の3つです（図1）。

①ボーリング調査＋標準貫入試験

刃先の付いた鋼管で地表面から採掘し、地盤の構成や地下水位の確認などを行うボーリング調査と、サンプラーと呼ばれる鉄管を地盤に30cm打ち込むのに必要な打撃回数から、地盤の支持力を確認する標準貫入試験を併せて行います。地盤の深層部の性状を確認することができます。

②平板載荷試験

角状または円状の板で地盤に静的な荷重を加えて、地盤の支持力を確認する調査方法です。基礎の底盤を設ける深さまで掘削し、地盤の支持力を計測します。

③静的貫入試験

戸建住宅など小規模建物で広く利用されている調査方法で、スウェーデン式サウンディングもその1つです。先端がスクリュー状になっているロッドに錘と載荷用クランプを取り付け、クランプを地盤に1mねじ込ませるのに要した半回転数で地盤の強さを評価します。

代表的な地盤改良工法

地盤改良とは、セメント系固化材を土に混ぜて固めることで地盤の耐力を高める工法です。地盤の表層部分を改良する浅層混合処理工法と、深層部分まで改良する深層混合処理工法が一般的です（図2）。

①浅層混合処理工法

地盤表層部分の土にセメント系固化材を混合し、転圧して固める工法で、表層改良工法とも呼ばれます。改良できる地盤の深さは、地表面から2mくらいです。

②深層混合処理工法

セメント系固化材と地盤の土を混ぜて柱をつくり、深層にある安定した地盤まで届かせて地盤の耐力を高める工法で、柱状改良工法とも呼ばれます。

地盤調査法には、標準貫入試験、平板載荷試験、静的貫入試験があります

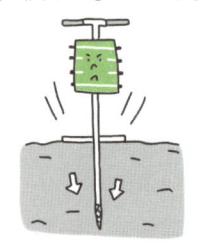

図1

代表的な地盤調査方法

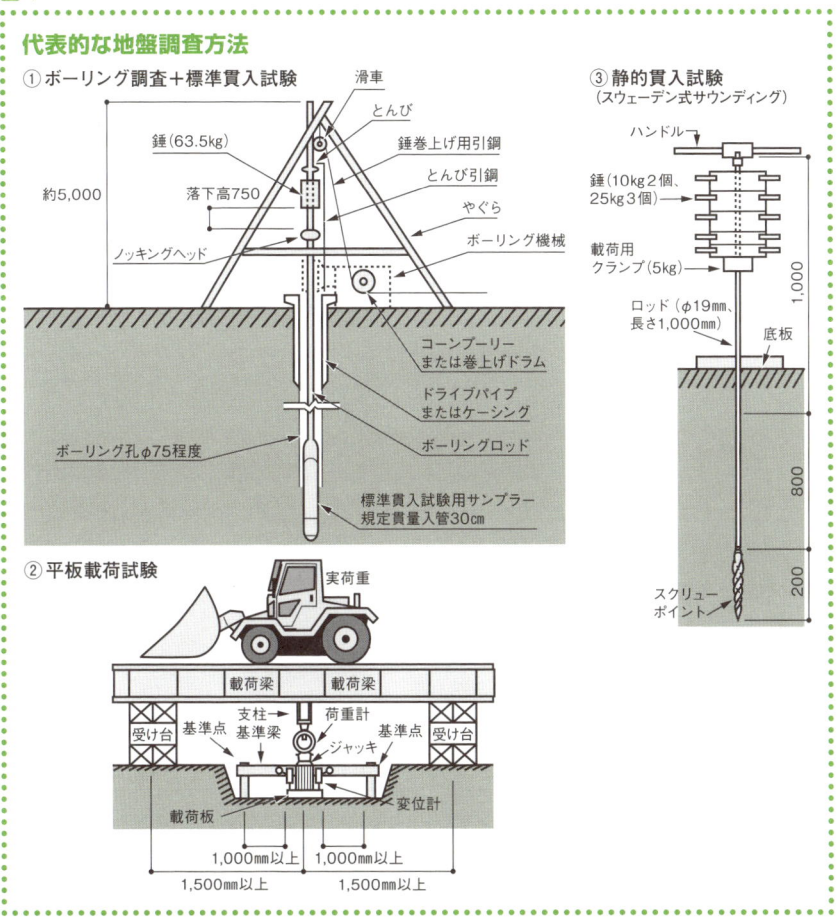

① ボーリング調査＋標準貫入試験

- 滑車
- とんび
- 錘（63.5kg）
- 錘巻上げ用引鋼
- 落下高750
- とんび引鋼
- やぐら
- ノッキングヘッド
- ボーリング機械
- 約5,000
- コンプーリーまたは巻上げドラム
- ドライブパイプまたはケーシング
- ボーリング孔φ75程度
- ボーリングロッド
- 標準貫入試験用サンプラー 規定貫入管30cm

③ 静的貫入試験
（スウェーデン式サウンディング）

- ハンドル
- 錘（10kg2個、25kg3個）
- 載荷用クランプ（5kg）
- ロッド（φ19mm、長さ1,000mm）
- 底板
- 1,000
- 800
- 200
- スクリューポイント

② 平板載荷試験

- 実荷重
- 載荷梁
- 受け台
- 基準点
- 支柱
- 基準梁
- 荷重計
- ジャッキ
- 基準点
- 受け台
- 載荷板
- 変位計
- 1,000mm以上
- 1,000mm以上
- 1,500mm以上
- 1,500mm以上

図2

代表的な地盤改良方法

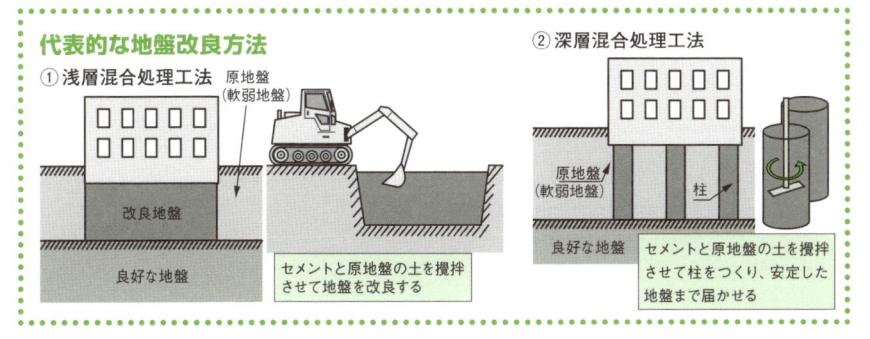

① 浅層混合処理工法

- 原地盤（軟弱地盤）
- 改良地盤
- 良好な地盤
- セメントと原地盤の土を攪拌させて地盤を改良する

② 深層混合処理工法

- 原地盤（軟弱地盤）
- 柱
- 良好な地盤
- セメントと原地盤の土を攪拌させて柱をつくり、安定した地盤まで届かせる

3 建物を支える構造部材と基礎

コラム
構造計算で使われる単位の国際化

　現在、建築の構造計算で使われる単位は、1960年の国際度量衡会議で決定された国際単位系と呼ばれるSI単位系です。日本の建築では、古くは尺貫法が使われ、SI単位系に移る前では、従来法と呼ばれる重量単位（kgfやtf）などが長さや重さを表す単位として使われていました。SI単位系は、1999年より建築基準法で使用されるようになり、本格的な運用が始まりました。

構造の単位

長　さ	単位長さ当たりの力
1m＝100cm＝1,000mm 1間＝6尺＝60寸＝600分 1尺＝0.303m　1m＝3.3尺	1tf／m＝9.80665kN／m
面　積	単位面積当たりの力
1k㎡＝1,000,000㎡ 1ha＝10,000㎡ 1坪＝3.305㎡	1tf／㎡＝9.80665kN／㎡ 1kgf／c㎡＝0.0980665N／m㎡ 1kgt／m㎡＝9.80665N／m㎡ 1pq＝1.0N／㎡＝1.0×10^{-6}N／m㎡
容　積	力・重力
1ℓ＝1,000c㎥ 1㎥＝1,000,000c㎥ 1合＝180.39c㎥ 1升＝1,803.9c㎥	1kgf＝9.800665N 1tf＝9,806.65N＝9.80665kN 1kN＝1,000N

第4章

進化する耐震技術と耐震診断

2段階ある耐震設計法

中小地震には1次設計

　日本の建築基準法では、耐震設計法を1次設計と2次設計の2段階に分けており、それぞれ対象としている地震の規模が異なります。

　1次設計とは、建物を使用している期間中にまれに遭遇するであろうと考えられる中小地震に対して建物が損傷しないことを確認する設計法です。

　許容応力度計算を用いて、荷重および外力の計算、部材に生ずる力の計算、断面計算を行います。そして、各部材の許容応力度が、地震によって生じる応力度以上であることを検証します。

　1次設計の考え方は、地震に対する抵抗形式によって、2つに分けられます。1つが強度型の建物で、建物自体の強度が地震力よりも強くなるように設計します。もう1つが靭性型の建物で、柔らかい建物とすることで、地震力を受け流すように設計します。

大地震には2次設計

　2次設計とは、建物を使用している期間中にごくまれに遭遇する大地震に対して、建物の安全性を確保する設計法です。

　1次設計との大きな違いは、1次設計では建物が壊れないように設計するのに対して、2次設計では部材がある程度壊れることを許容しながらも、最終的に建物が倒壊しないことを確認する設計となっています。

　具体的な計算方法としては、保有水平耐力計算で建物が最終的に倒壊する力を算出し、建築基準法で想定される必要保有水平耐力以上であることを確認します。層間変形角の検討や、剛性率・偏心率の検討も行います。

　2次設計で計算する建物は、規模の大きいものが多く、大地震に対して強度型の建物を設計すると、部材が必要以上に大きくなるため、靭性型の建物として設計することが一般的です(図)。

> 建築基準法は2段階の耐震設計法を規定しています

図

強度型と靭性型構造

① 強度型（剛構造）

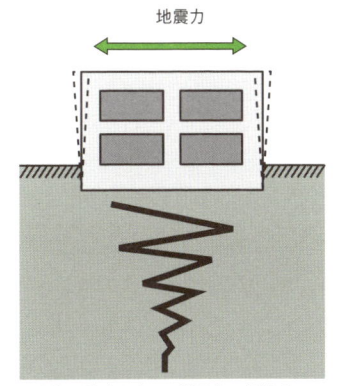

地震力

建物の強度を高めて地震力に抵抗する

② 靭性型（柔構造）

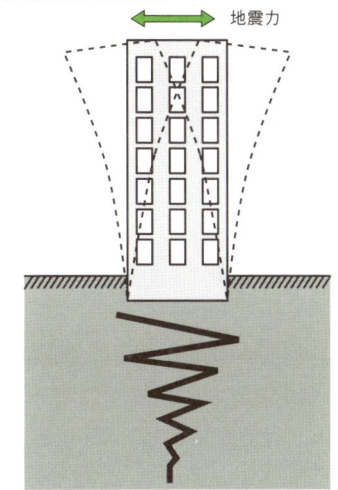

地震力

建物を柔らかくして力を受け流す

地震に対する設計の考え方

① 許容応力度計算（1次設計）

中小規模の地震に相当する地震力を想定

部材の許容応力度＞地震による部材に生じる応力度

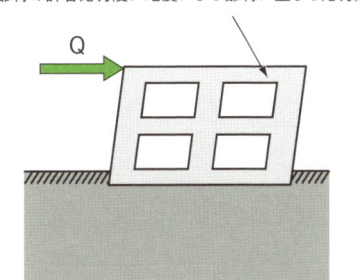

Q

部材に生じる応力は、部材の許容応力度以下に納まり、建物が倒壊しないかを確認する

② 保有水平耐力計算（2次設計）

大規模な地震を想定

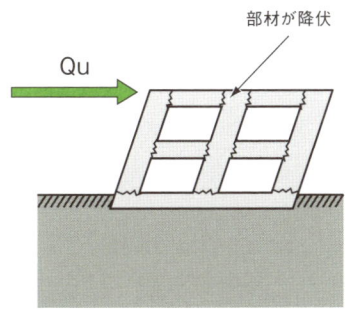

部材が降伏

Qu

建物に加力し、すべての部材が壊れて（降伏して）建物が倒壊する、限界の耐力を確認する

4 進化する耐震技術と耐震診断

地震のしくみと構造計算

地震のメカニズム

地震は、活断層がずれることで発生し、地震波が、地盤を通じて地表まで到達して、建物に伝達されます（図1）。

地震波には、地震発生時の第1波のP波（Primary wave）と第2波のS波（Secondary wave）、そして地表と平行して伝わる表面波があります。

地震波は、通過する地盤の性状などで地震の揺れ幅（周期）が決まります。地震波の周期のなかで、特に支配的な周期を「卓越周期」といいます（図2）。

一方、建物は、硬さなどによりそれぞれ独自の揺れ方をしますが、これを建物の固有周期といいます。

卓越周期と建物の固有周期が一致すると、共振して地震波の影響がさらに大きくなります。同じ地震でも建物によって被害が異なる理由の1つは、卓越周期と固有周期の共振があるためです。

構造計算の地震力

地震の大きさを示す単位には、震度、ガル（gal）、カイン（kine）、マグニチュード（M）があります。

震度は気象庁が発表する地震の大きさの程度を表す指標で、ガルは地震の加速度、カインは地震の速度、マグニチュードは地震エネルギーの大きさを示す値です（図3）。地震力の大きさや方向は、発生から常に変化しており、現実に、地震時に建物に作用する地震力の方向や大きさは常に一定ではありません。

しかし、地震力を変化し続ける力として構造計算することは非常に困難なため、通常の構造計算では、地震力は建物を任意の方向から同じ力で押し続ける静的な力に置き換えて計算します。地震力を動的な力として計算する手法に、時刻歴応答解析があります。時刻歴応答解析では地震の強さとしてガルやカインが用いられます。

地震の揺れと建物の固有周期が一致すると共振します

図1

地震発生のメカニズム

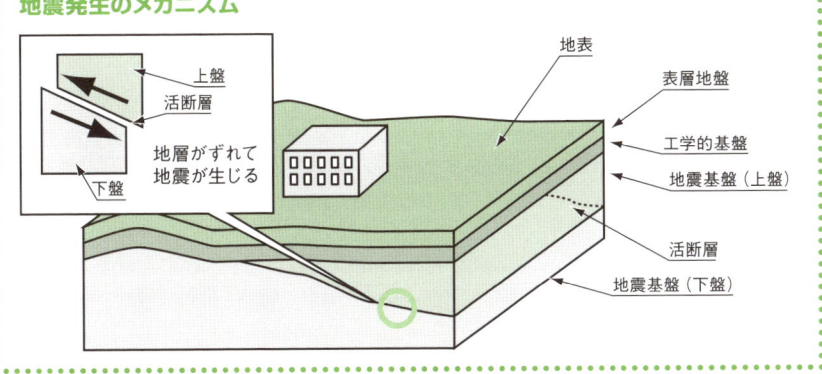

（図：上盤・下盤・活断層、地表、表層地盤、工学的基盤、地震基盤（上盤）、地震基盤（下盤）、活断層。地層がずれて地震が生じる）

図2

地震波の伝わり方

P波　：地震時の第1波（Primary wave）。進行方向と平行に振動する波
S波　：地震時の第2波（Secondary wave）。進行方向と直交に振動する波
表面波：地表面を伝わる波。ラブ波・レイリー波がある

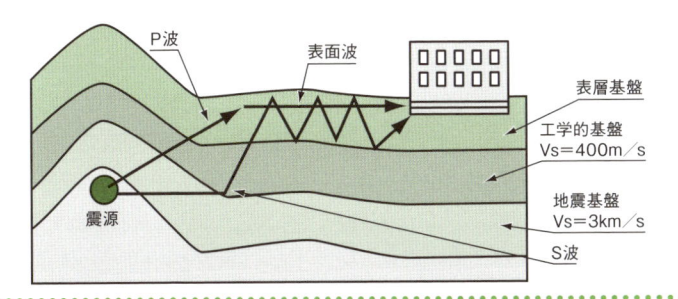

（図：震源、P波、S波、表面波、表層基盤、工学的基盤 Vs=400m/s、地震基盤 Vs=3km/s）

図3

地震の大きさの単位

震度	地震の揺れの程度を表す指標。0〜7まで10段階に階級が分かれている。構造計算を行なうときの水平力を算出する係数も震度（K）というが、それとは異なる
ガル	地震によって生じる加速度の値 　1 gal = 980 cm/sec² 重力を基準にしている
カイン	地震によって生じる速度の値 　1 kine = 1.0 cm/sec² 構造物の被害は、加速度よりも速度との相関が大きいといわれ、最近ではガルよりもカインが構造計算で多く使われる

耐震構造と制震構造（制振構造）

耐震構造

　耐震構造とは、地震時に建物が受ける水平力に対して、部材の強度で抵抗するように設計された構造です。

　耐震要素となる主な部材は、柱、梁、壁（耐震壁）、ブレースです。鉄筋コンクリート造のラーメン構造や、壁式構造、鉄骨造のブレース構造の建物が耐震構造となります（図1）。

　木造は耐力壁の設置が義務付けられており、基本的に耐震構造の建物として設計します。部材の断面が大きいほど抵抗できる地震のエネルギーが大きくなるため、耐震構造の建物では一般に柱や梁が大きくなります。

　耐震構造の建物を構造設計する場合、建物の耐用期間中に少なくとも1回は遭遇すると想定される中規模地震では大きな損傷はせず、耐用期間中にごくまれに遭遇する大地震では倒壊しない性能を建物にもたせなければなりません。

制震構造（制振構造）

　制震構造は、建物が受ける地震力を、エネルギー吸収型や振動制御型などの制震装置を利用してコントロールする構造です。

　エネルギー吸収型の代表的な装置はダンパーです。ダンパーは建物が受けた地震力を熱エネルギーに変えることで、地震力を低減します。ダンパーには、オイルダンパー、粘弾性ダンパー、鋼材ダンパーなどがあります。ダンパーが地震エネルギーを吸収するため、柱や梁などの部材断面を比較的小さくすることができます（図2）。

　一方、振動制御型の制震装置とは、建物の屋上部分に錘を設置し、錘の振れで地震の揺れをコントロールするものです。機械を使わず錘を調整するだけで揺れをコントロールするパッシブ制震と、機械で地震と反対方向の振動を起こして、地震の揺れを調整するアクティブ制震があります。

> 耐震構造は、地震に対して部材の強度で抵抗します

図1

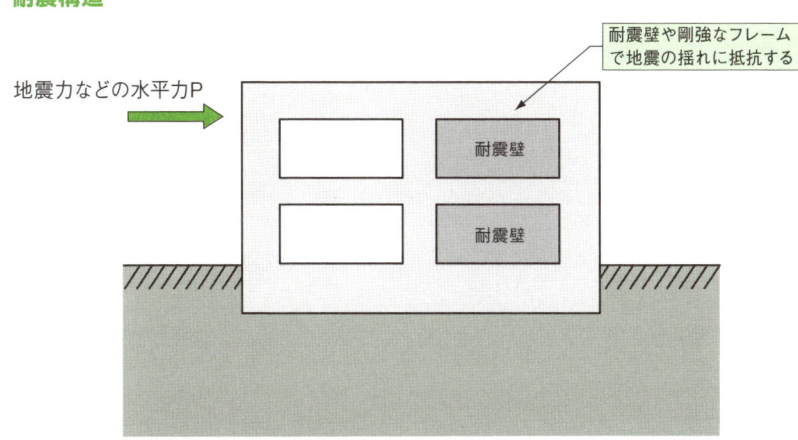

耐震構造

地震力などの水平力P →

耐震壁や剛強なフレームで地震の揺れに抵抗する

耐震壁

柱・梁などの部材の強度を上げたり、壁を耐震壁にする、ブレースを設けるなどして、構造躯体の強度で地震力に抵抗する構造

図2

制震構造（制振構造）

地震力などの水平力P →

制震装置（ダンパーなど）で地震の揺れに抵抗する

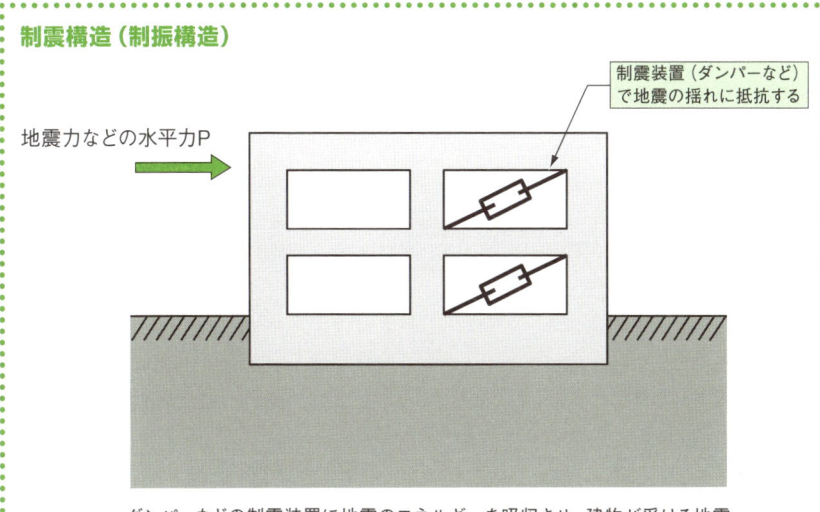

ダンパーなどの制震装置に地震のエネルギーを吸収させ、建物が受ける地震力を軽減する構造。オイルダンパーや粘弾性ダンパーなど、電気を使わないパッシブ制震と、地震が発生したときに機械を用いて地震とは反対の方向の振動を起こすアクティブ制震がある

4 進化する耐震技術と耐震診断

建物に伝わる地震力を減少させる免震構造

免震構造とは

免震構造とは、非常に柔らかく大きく変形する部分（免震層）を建物に設けて、地盤から建物に伝わる地震力を低減するシステムです（図1）。

建物は、固さや形状により、特有の周期をもち、これを固有周期といいます。地震時に、地震波の周期と建物の固有周期が同じになると、揺れが増幅されて、建物は激しく揺れます。地震の波は、1～2秒くらいだといわれますが、免震装置を設置すると、建物の固有周期が3～4秒になるため、地震の波の周期と建物の固有周期が重なるのを防ぐことができます。

免震構造では、免震層を基礎部分に設ける基礎免震が一般的ですが、理論的には建物の任意の場所に免震層を設置することができます。基礎免震は、基礎の上部に免震装置を置き、その上に建物本体を載せます。

免震装置とは

免震装置には、ゴムと鉄板が交互に挟まれた積層ゴムが使われますが、積層ゴムは剛性が大きいため、比較的重量の軽い戸建住宅では転がり支承や滑り支承と一緒に用いられます（図2）。

積層ゴムはゴムの変形で地震力を低減させます。転がり支承や滑り支承は、鋼球が転がったり、支承が滑ることで地震力を低減させます。

また、免震装置とともに地震力を減衰させるダンパーが設置されます。

免震構造計画の注意点

免震構造の計画ではクリアランスの確保に注意しなければなりません。免震建物は地震時に揺れるため、隣地とのクリアランスを十分に確保します。

将来のメンテナンスも考えて、免震層に人が入って作業できるだけのスペースも確保しておかなければなりません。

また、免震建物は強い風でも揺れる可能性があるため、強い風が日常的に吹く場所では、居住性に影響がないことを考慮して免震装置を検討する必要があります。

> 地盤と建物の間に免震層を設けて、建物に伝わる地震力を低減します

図1

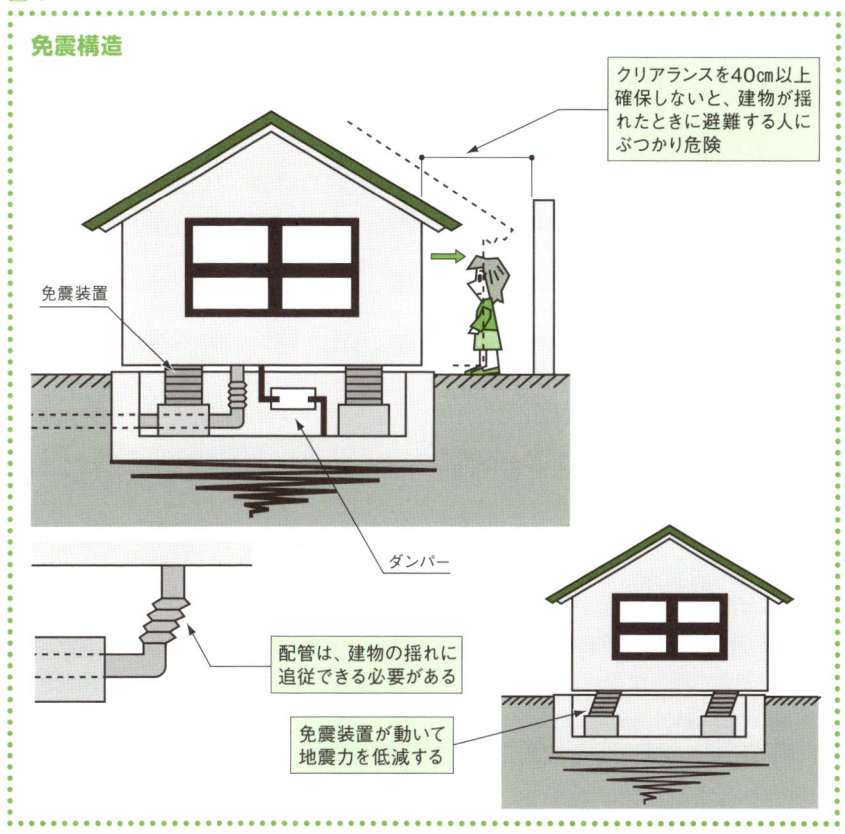

免震構造

- クリアランスを40cm以上確保しないと、建物が揺れたときに避難する人にぶつかり危険
- 免震装置
- ダンパー
- 配管は、建物の揺れに追従できる必要がある
- 免震装置が動いて地震力を低減する

図2

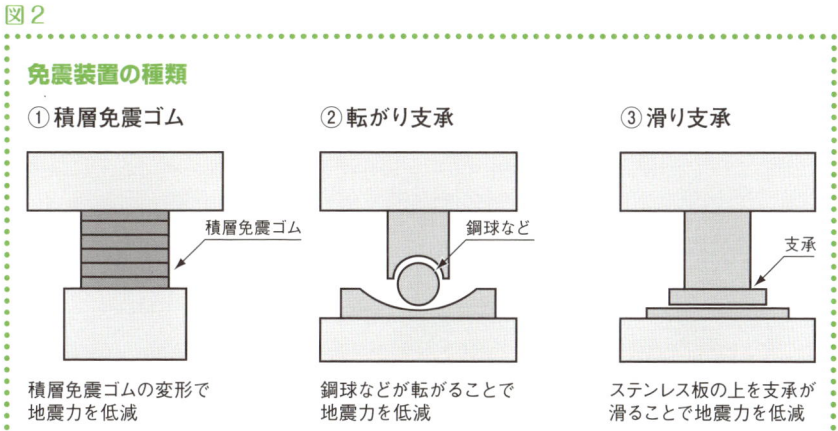

免震装置の種類

① 積層免震ゴム

積層免震ゴム

積層免震ゴムの変形で地震力を低減

② 転がり支承

鋼球など

鋼球などが転がることで地震力を低減

③ 滑り支承

支承

ステンレス板の上を支承が滑ることで地震力を低減

耐震診断と耐震補強

耐震診断

耐震診断の事前調査として、設計図書など建物の構造に関する資料を集めます。古い建物では、資料が残っていないことが多いため、建物を事前に調査し、耐震診断に必要な情報を整理します。設計図書が残っている場合でも、図書と現状が一致しているとは限りません。鉄筋をはつり出して鉄筋径を確かめたり、鉄筋探査機を使いピッチを確認したり、コアを抜いてコンクリートの強度を測定したりします。部材の劣化度を把握することも重要です。

鉄筋コンクリート造の建物の耐震診断では、構造耐震判定指標と構造耐震指標を比較し、建物耐震補強の必要性や耐震補強の有効性を検証します（図1）。

耐震診断は1次診断、2次診断、3次診断の3つがあります（図2）。

1次診断は、少ない資料で行う簡易診断で、構造耐震判定指標はかなり安全側に設定されています。2次診断は、柱や壁の地震時の性能を把握し、破壊形式を考えながら耐震性能を計算します。3次診断は、最も厳密な診断で、柱や壁だけではなく、梁の性能も考慮した耐震性能の計算を行います。

耐震補強

木造の耐震補強の方法は、柱と土台・基礎をつなぐ引寄せ金物などの金物を増やす、構造用合板で壁を固める、筋かいを新たに設置するなどして、各部材の耐震性能を向上させるものです。

鉄骨造の場合は、ブレースを増設したり、ラーメン構造のフレームを建物の外部に取り付けたりして、建物を補強します。

鉄筋コンクリート造は、建物が建てられた年代によって耐震性能が大きく異なります。1981年の建築基準法改正（新耐震）以前の基準で建てられた建物は、せん断力に対して十分な耐力をもっていない場合が多いため、アラミド繊維や炭素繊維を柱に巻き付けて補強するなどの方法で補強します。また、柱に取り付く垂れ壁などがある場合は、スリットを設けることで非耐震要素に変えて、柱に力が集中しないようにします（図3）。

> 耐震補強をする前に、耐震診断で建物の耐震性能を把握します

図1

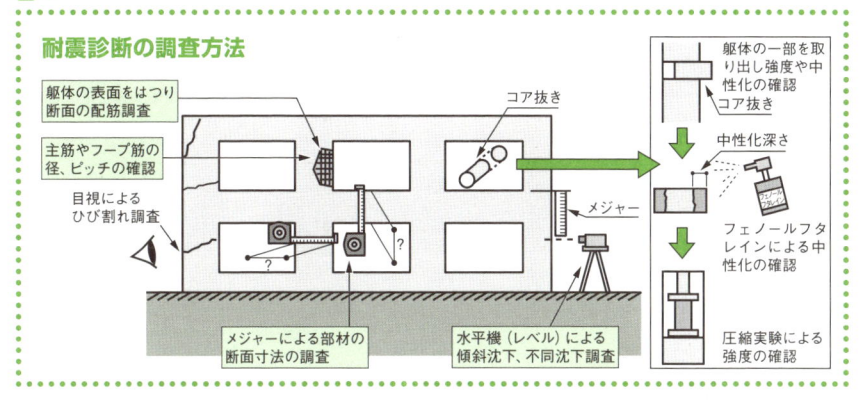

耐震診断の調査方法

- 躯体の表面をはつり断面の配筋調査
- 主筋やフープ筋の径、ピッチの確認
- 目視によるひび割れ調査
- コア抜き
- メジャーによる部材の断面寸法の調査
- 水平機（レベル）による傾斜沈下、不同沈下調査
- 躯体の一部を取り出し強度や中性化の確認　コア抜き
- 中性化深さ
- フェノールフタレインによる中性化の確認
- 圧縮実験による強度の確認

図2

耐震診断の種類

診断法	特徴
1次診断	柱と壁の量やバランスなどから建物の耐震性を評価する。最も簡単な診断で、簡易診断ともいう。実際の部材の強度を確認しないため、判断が曖昧。特に壁の少ない建物では、壁の強度が実際の耐震性能を左右するため、1次診断のみで耐震補強を行うことは避けたほうがよい
2次診断	1次診断の内容に加え、柱と壁の強度や靱性を調べ、破壊形式を考えながら耐震性能を確認する。最も広く使われている
3次診断	最も精密な診断。2次診断の内容に加え、梁や基礎の強度や靱性から、耐震性能の診断する。詳細に耐震性能を確認することができるが、手間やコストがかかるため、費用対効果を考えて診断するかを決めるほうがよい

図3

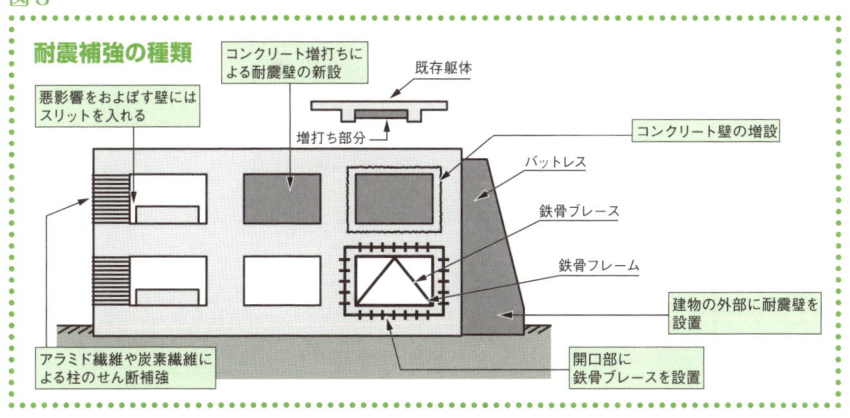

耐震補強の種類

- 悪影響をおよぼす壁にはスリットを入れる
- コンクリート増打ちによる耐震壁の新設
- 既存躯体
- 増打ち部分
- コンクリート壁の増設
- バットレス
- 鉄骨ブレース
- 鉄骨フレーム
- 建物の外部に耐震壁を設置
- アラミド繊維や炭素繊維による柱のせん断補強
- 開口部に鉄骨ブレースを設置

4　進化する耐震技術と耐震診断

コラム
建物を評価する各種の指標

　建築の性能や価値を評価する指標にはさまざまなものがあります。代表的な指標は、「住宅の品質確保の促進等に関する法律」で定められた住宅性能表示制度で、住宅の構造性能などを等級で表示します。
　住宅の環境性能を示す指標には、「CASBEE（キャスビー）」があります。周辺環境への配慮、ランニングコストの程度などの点から、住宅の環境性能を評価します。
　このほかに、不動産としての評価価値を算出する「デュー・デリジェンス」も建築を評価する指標といえます。

住宅の品質確保の促進等に関する法律（品確法）

住宅の性能に関する表示の適正化や消費者が性能比較を行えることなどを目的とした法律

ex.耐震等級
許容応力度計算による場合は、等級に合わせて建築基準法で規定された地震力に下記の倍率を掛けて地震力を算出し、それに対する安全性を確保する

等級	3	2	1
倍率	1.5	1.25	1

CASBEE

建物の環境品質と環境負荷を採点し、その結果をもとに建物の環境効率を評価

ex.耐震等級

レベル	評価内容
1	なし
2	なし
3	建築基準法に定められた耐震性能を有する
4	建築基準法に定められた耐震性能の20％を有する
5	建築基準法に定められた耐震性能の50％を有する

デュー・デリジェンス

不動産の資産価値を評価する調査方法。調査内容にはエンジニアリングレポートなどがある

ex.建物の使用期間中50年で予想される最大規模の地震に対しての予想最大損失率

$$PML：予想最大損失率 = \frac{補修費}{再調査費} \times 100\%$$

第 5 章

構造に関する図面の読み方

構造設計者の業務と役割

構造設計者の役割

建築は、意匠設計者、構造設計者、設備設計者、ランドスケープアーキテクト、造園設計者、照明デザイナー、ファサードエンジニアなど、多くの職能が協働して設計されるものです。そのなかで、構造設計者は建物の構造の安全性に対して重要な責任をもつ立場にあります。

構造設計者の基本業務は、構造計画、構造計算、構造図の作成、行政上の手続き（確認申請業務）、現場監理の5つです（図1）。

構造計画が最重要業務

構造設計者の業務は、大きく構造計画と構造計算に分けることができます。構造設計者＝構造計算者と考えられがちですが、構造設計で最も重要な業務は、構造計画であり、構造計画がしっかりとできていない建物は、たとえ構造計算上で安全性が確認できたとしても、実際は安全でない建物となっている場合があります。

構造計画とは、建築計画の目標を確認し、諸条件を考慮しながらそれを実現するための道筋を立てることです。設計の目標値を定めて、それを実現するために、構造システムや材料、予算、敷地・近隣環境、施工方法などを考慮しながら構造計画を検討します。

構造計画が固まったら、次に構造計算を行います。構造計算はモデル化と構造解析の2つに大別することができます。

モデル化とは、計算の前に建物の架構や荷重、部材を整理し、構造の解析方法を決定することです。構造解析とは、モデル化した結果をもとに、コンピュータなどを使って力の流れを解析し、部材断面の設計と検討を行うことです。

構造計算は、すべての部材の安全性が確認できるまで行いますが、どうしても安全性を確保できない場合もあります。その場合は、最初の構造計画に立ち戻って再検討を行います（図2）。

> 構造計画とは、建築の目標を実現するための道筋を立てることです

図1

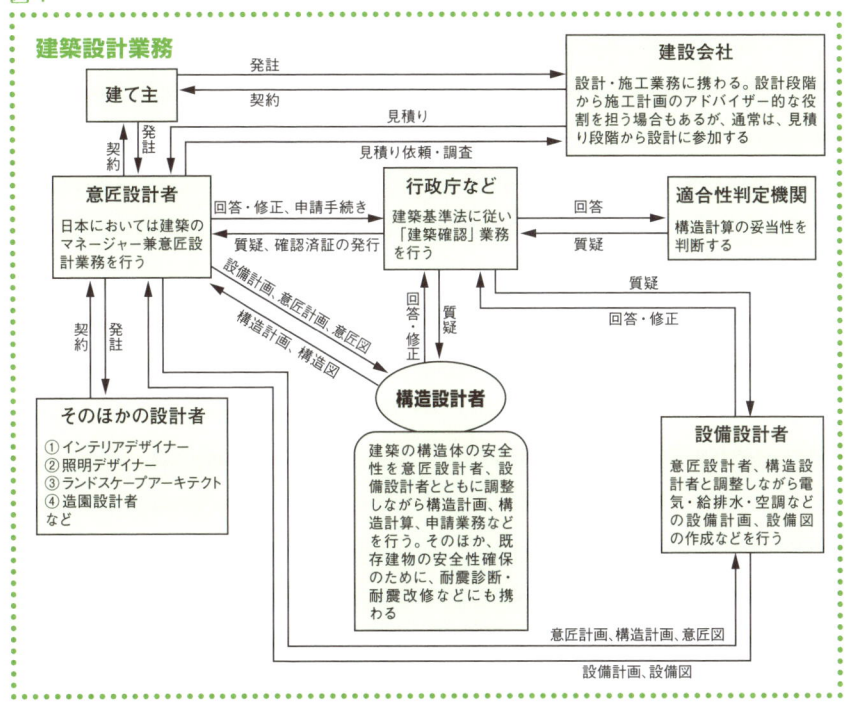

建築設計業務

建て主 ← 発注 / 契約 → **建設会社**
設計・施工業務に携わる。設計段階から施工計画のアドバイザー的な役割を担う場合もあるが、通常は、見積り段階から設計に参加する

建て主 ← 見積り / 見積り依頼・調査

意匠設計者
日本においては建築のマネージャー兼意匠設計業務を行う

意匠設計者 ↔ 行政庁など（回答・修正、申請手続き / 質疑、確認済証の発行）

行政庁など
建築基準法に従い「建築確認」業務を行う

行政庁など ↔ **適合性判定機関**（回答 / 質疑）
構造計算の妥当性を判断する

意匠設計者 ← 契約/発注 → **そのほかの設計者**
① インテリアデザイナー
② 照明デザイナー
③ ランドスケープアーキテクト
④ 造園設計者
など

構造設計者
建築の構造体の安全性を意匠設計者、設備設計者とともに調整しながら構造計画、構造計算、申請業務などを行う。そのほか、既存建物の安全性確保のために、耐震診断・耐震改修などにも携わる

構造設計者 ↔ 意匠設計者（設備計画、意匠計画、意匠図 / 構造計画、構造図）
構造設計者 ↔ 行政庁など（回答・修正 / 質疑）
構造設計者 ↔ 適合性判定機関（質疑 / 回答・修正）

設備設計者
意匠設計者、構造設計者と調整しながら電気・給排水・空調などの設備計画、設備図の作成などを行う

設備設計者 ↔ 意匠設計者（意匠計画、構造計画、意匠図 / 設備計画、設備図）

図2

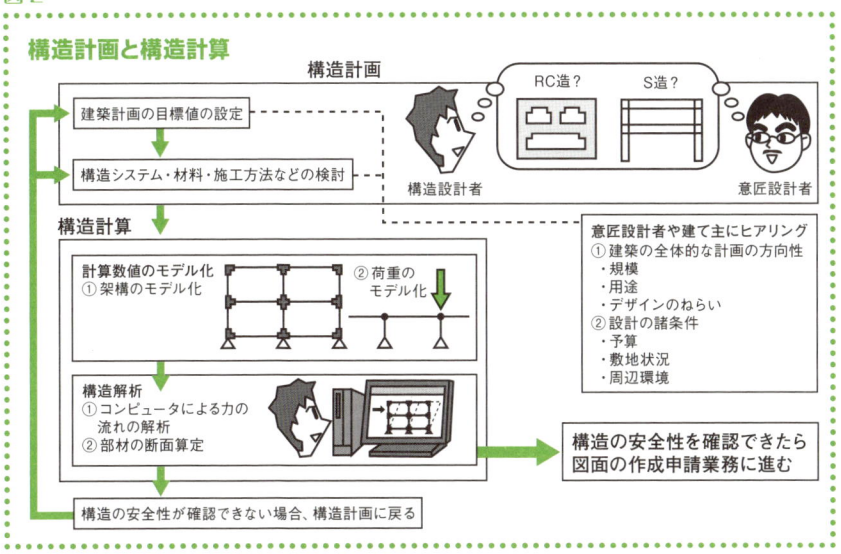

構造計画と構造計算

構造計画

- 建築計画の目標値の設定
- 構造システム・材料・施工方法などの検討

構造設計者（RC造？ S造？）／意匠設計者

構造計算

- 計算数値のモデル化
  ① 架構のモデル化
  ② 荷重のモデル化
- 構造解析
  ① コンピュータによる力の流れの解析
  ② 部材の断面算定
- 構造の安全性が確認できない場合、構造計画に戻る

意匠設計者や建て主にヒアリング
① 建築の全体的な計画の方向性
  ・規模
  ・用途
  ・デザインのねらい
② 設計の諸条件
  ・予算
  ・敷地状況
  ・周辺環境

構造の安全性を確認できたら図面の作成申請業務に進む

5 構造に関する図面の読み方

安全性を高める構造設計

構造設計の安全性

　構造設計を進めるうえで、常に念頭に置かなければならないのが、建物の①安全性、②居住性、③意匠性、の3つの性能の確保です。なかでも安全性の確保は、構造設計業務の根幹ともいえる重要な任務です。

　構造設計で確保する建物の安全性とは、第一に、地震や暴風、積雪など、建物の外部から働く力に負けない構造性能を躯体にもたせることです。

　そのほかの外力としては、土圧や水圧、温度応力、人の活動による荷重、衝撃荷重、繰返荷重、設備による振動、地盤の状況などが影響します。

　部材の断面算定などは、これらの外力に対して十分な耐力があることを確認する計算です（図1）。

そのほかの構造的配慮

　外力の次に考えなければならないのが、火災に対する安全性です。選択する構造形式によって、火災への対策が変わります。

　たとえば鉄筋コンクリート造の場合、鉄筋部分は熱に弱い反面、コンクリート部分は比較的熱に強い性質をもちます。そのため、鉄筋のかぶり厚を十分とることで、コンクリートが耐火被覆の働きをし、火災に対する安全性を確保することができます。

　一方、木造や鉄骨造では、部材だけで火災の影響を防ぐことは難しいため、不燃材料で被い、火災に対する構造の安全性を確保します（図2）。

　また特殊な用途の建物の場合は、使用目的から構造の安全性を検討しなければなりません。

　たとえば、薬品の貯蔵庫を計画する場合などでは、鉄筋コンクリート造の鉄筋が、薬品の影響で錆びて、コンクリートが爆裂することがあります。

　このような場合は、金属の使用を極力抑えた木構造として構造の安全性を確保します。

> 構造設計の根幹は、建物の安全性の確保です

図1

構造の安全性

構造で確保すべき安全性	検討要因
荷重・外力に対する安全性	長期鉛直荷重（固定荷重、積載荷重）
	積雪荷重
	地震力
	風圧力
	土圧・水圧（面圧、浮力）
	温度応力
	人の活動に伴う荷重
	衝撃荷重
	繰返荷重
	機器類の動作に伴う振動（疲労確認）
	地盤の性状（沈下、液状化陥没）
火災に対する安全性	耐火性
特殊な用途に対する安全性	耐薬品性（薬品庫の場合）
	耐摩耗性（倉庫など軽車両が走行する場合）、など
そのほかの安全性	耐久性
	対候性（気候の変化が厳しい地域の場合）、など

安全性や居住性などの要因を検討する場合、同じ荷重に対しても考え方が異なる。たとえば居住性では梁がたわんで家具が傾いてしまうのでたわみを抑えることを考えるが、安全性については許容応力度内であるかなど、部材が壊れないことを確認する

図2

火災に対する安全性の確保

鉄筋コンクリート造

柱
かぶり厚40mm以上を確保

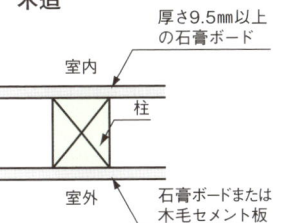

コンクリートのかぶり厚を確保する

鉄骨造

H形鋼柱
耐火被覆

耐火被覆材で部材を包む

木造

厚さ9.5mm以上の石膏ボード
室内
柱
室外
石膏ボードまたは木毛セメント板

法律で定められた仕様とする

居住性を高める構造設計

音・振動を構造設計で防ぐ

どんなに構造的に安全な建物を設計しても、その建物で過ごす人が不快な思いをしては建物としての意味がありません。構造設計では、居住性を確保するために、不快な音・振動・熱を防ぐことを検討します。

音については、集合住宅などでしばしば問題になる近隣住戸の生活音などの問題があります。かつて上階のピアノの音をめぐって殺人事件が起こったことがあるほどで、音は生活に大きな影響を与えます。一般に遮音性を高めるには、床や壁の厚みや重量を大きくします。

振動の問題には、人が歩いたとき梁などが揺れる歩行振動と車や電車の通行などによる交通振動があります。振動を抑えるために、できるだけ部材のたわみが小さくなるように設計しますが、人それぞれで感じ方が異なるため、万全な解決法はありません。

断熱性を考慮した構造材選択

断熱性については、構造材料によって断熱性能が異なり、室内の熱環境が左右されることが問題となります。

鋼材のように熱伝導率が高い材料を構造材に選ぶと、材が熱橋（ヒートブリッジ）となるため、冬季に室内の熱が奪われたり、結露によって錆が発生しやすくなります。

逆に、蓄熱性能が高いコンクリートを構造材に選んだ場合、夏季には温められたコンクリートの影響で夜になっても室内の温度が下がらないということもあります。

熱の問題は構造材だけでは解決できない場合が多いため、断熱計画を検討し、断熱材の選択や納まりを決めていく必要があります（図1）。

構造形式と意匠性

デザインは意匠設計者の役目、構造は構造設計者の役目と分けて考えられることが多いのですが、デザインと構造は、切っても切れない関係にあります。

一般に鉄骨造は軽快で開放的なイメージとなり、鉄筋コンクリート造は堅牢で閉鎖的なイメージとなります（図2）。

> 構造設計では、遮音や断熱に関する性能も検討します

図1

居住性を向上するために求められる構造性能

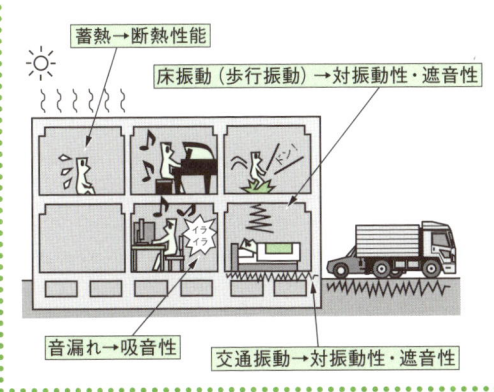

- 蓄熱→断熱性能
- 床振動（歩行振動）→対振動性・遮音性
- 音漏れ→吸音性
- 交通振動→対振動性・遮音性

そのほかの居住性と構造部材の性能

性能	役割
耐荷性	積載物などによる床や梁などの部材の変形を軽減する
耐衝撃性	衝突物などによる振動・変形を軽減する
耐摩耗性	使用による部材の磨耗を軽減する
防水性	雨水などの浸入を防ぐ
防湿性	湿気の浸入を防ぐ
気密性	断熱性を向上させる

図2

構造形式と意匠性

構造形式だけで比較すると

① 鉄骨造

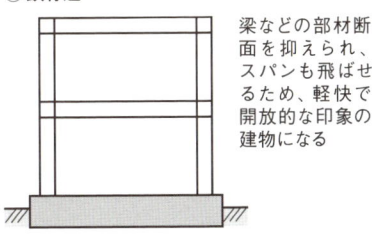

梁などの部材断面を抑えられ、スパンも飛ばせるため、軽快で開放的な印象の建物になる

② 鉄筋コンクリート造

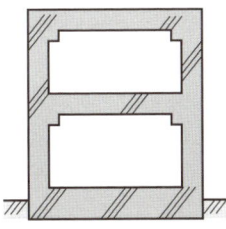

柱・梁などの部材断面が大きくなるため、堅牢で閉鎖的な印象の建物になる

仕上材を含めた寸法を比較してみると

① 鉄骨造の梁と床
- 合成デッキスラブ
- H形鋼梁
- 耐火被覆
- hs

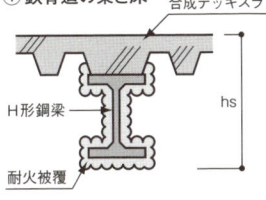

② 鉄筋コンクリート造の梁と床
- スラブ
- 梁
- hc

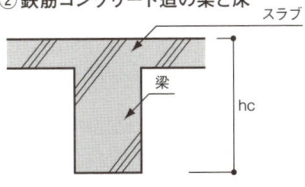

hs ≒ hc

仕上材の寸法まで考慮すると、床と梁せいを含めた寸法が鉄骨造と鉄筋コンクリート造でほとんど変わらない場合がある

5 構造に関する図面の読み方

構造材の動きを考慮して選定する仕上材

構造躯体は動くもの

コンクリート打放しなど躯体自体が仕上げになる建物もありますが、多くの建物は構造躯体の表面が仕上材で覆われています。仕上材の下地となる構造躯体は、建築されると動かないと考えられがちですが、実際には躯体は建築後も絶えず変形を繰り返しています（図1）。

たとえば、木材は含水率の変化で伸縮しますし、鉄鋼は温度変化で伸縮しています。コンクリートは、硬化時の水分の反応や蒸発で収縮しますし、温度変化によっても伸び縮みを繰り返しています。

外力という点からみると、地震によって躯体は大きく動きます。鉄骨造や木造の建物では、台風などの強い風を受けるたびに建物が動きます。

したがって仕上材は、追従性のあるものを選択したり、クリアランスを確保するなど、躯体が動いても影響がない納まりを考えなければなりません。鉄筋コンクリート造は動きが小さく、鉄骨造は動きが大きくなります。また、ブレース構造は動きが小さく、ラーメン構造は動きが大きくなります。このように、構造種別や形式によっても仕上材に影響が出ます。

仕上材と躯体の耐久性

仕上材は躯体の耐久性とも深く関係しています。鉄筋コンクリート造の建物では、中性化がコンクリートの内部まで進むと鉄筋が錆びやすくなります。打放しよりも仕上材を張った方がコンクリートが中性化する速度が遅くなるため、耐久性が高くなります。（図2）

鉄骨造の建物で、仕上材に躯体と異種の金属を用いると耐久性が落ちる場合があります。たとえばアルミと鉄は、イオン化傾向が異なるため、接触させると錆が発生しやすくなります。このような場合は、仕上材と躯体の縁を切るか、構造材料を木材に変える、仕上材を変更するなどの対応が必要となります。

> 仕上材は、構造材の挙動性状を考慮して選択します

図1

構造躯体の変化

乾燥収縮

部材内の水分が蒸発

大気中の成分との反応や日射などの熱により、部材内の水分が蒸発し、躯体が縮む

温度による伸縮

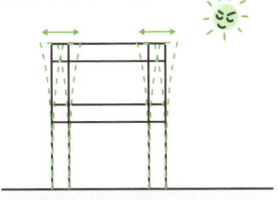

日射などによる温度変化により、1年を通して躯体は伸縮する

地震・風などによる振動

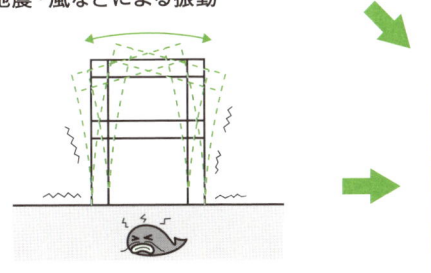

地震や暴風を受けると、躯体は振動する

躯体は建築後もさまざまな要因で変化している。したがって仕上材は、躯体の変化をある程度見越して、挙動に追従できる伸縮性のある素材を選ぶか、クリアランスをとるなどして躯体の変化に影響を受けない納まりとする必要がある

図2

仕上材と構造躯体の耐久性

①コンクリート打放し（塗装なし）

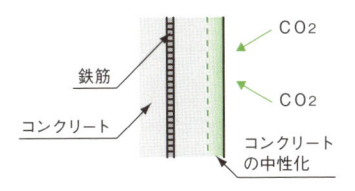

鉄筋
コンクリート
CO_2
CO_2
コンクリートの中性化

大気中のCO_2に触れることで、0.1㎜／年くらいの速さでコンクリートの中性化が進む。中性化が鉄筋付近のコンクリートまで達すると、鉄筋が錆び、コンクリートが爆裂し、躯体の耐久性が下がるおそれがある

②コンクリート打放し（塗装あり）

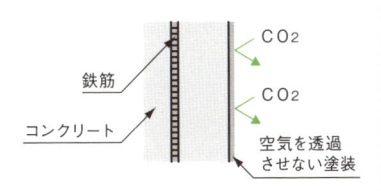

鉄筋
コンクリート
CO_2
CO_2
空気を透過させない塗装

コンクリートの表面に塗装を施すことで、CO_2がコンクリート内部に浸透せず、コンクリートの中性化が進まない

躯体を仕上材で覆ったり、塗装を施すことで躯体の耐久性を向上させることができる

構造設計図の種類と役割

構造図の種類と役割

構造設計図にはさまざまな種類がありますが、基本的には、標準図（標準仕様書）、伏図、軸組図、部材断面リスト、部分詳細図で構成されます（図1）。

①標準図（標準仕様図）

標準図は、使用している材料や管理方法、ディテールについて記載する図面です。部材の納まりや鉄筋の定着長さなど、設計の基本となる情報を図面化したものです。

②伏図

構造図のなかで最も重要なのが伏図です。伏図では、スパンと部材の符号、スラブレベル、場合によっては仕上厚などを描き込みます。

③軸組図

軸組図は、主に部材符号と梁のレベルを示します。

ほかの梁と異なるレベルに梁があるような部分は、軸組図で明確にすると間違いが少なくなります。

④部材断面リスト

フレーム全体の配筋や鉄骨架構について詳細に描きます。

⑤部分詳細図

局部的な段差部分や形状が複雑な立上りなど標準図では表現できない部分を描きます。

意匠図

平面図、立面図、断面図、詳細図、矩計図、展開図、仕上表、建具表などの意匠図は、構造設計の際にも欠かせない図面です。構造図を作成したり構造計算するためには、意匠図に描かれる部材の寸法や位置、高さ、通り芯などの情報を必ず確認しておかなければなりません（図2）。

立面図や断面図では、地盤のレベルに注意します。地盤からの高さや深さで、地震力や風荷重、基礎にかかる土圧などが変わるためです。仕上表は、建物の荷重を算出するのに必要です。展開図や建具表から得られる開口部の位置や大きさも構造設計には欠かせない情報です。

> 構造設計図は、構造設計意図を伝える重要な図面です

図1

代表的な構造設計図書

	図書名		木造	鉄骨造	鉄筋コンクリート造
必要な図面	構造設計標準仕様書		○	○	○
	標準図(標準仕様図)		○	○	○
	伏図	基礎伏図	○	○	○
		床伏図	○	○	○
		小屋伏図・屋根伏図	○	○	○
	軸組図		○	○	○
	部材断面リスト		○	○	○
	継手・溶接基準図		×	○	×
	部分詳細図		○	○	○
	ラーメン詳細図		△	○	○
工事内容に応じて必要な図面	合成スラブ標準図		×	○	×
	杭地業工事特記仕様 [※]		○	○	○
	杭伏図 [※]		○	○	○
	ボイドスラブ工事特記仕様書		×	○	○

○:必要　×:不要　△:作成することが望ましい　※　杭基礎を採用した場合

図2

意匠図と構造設計との関係

意匠図	構造設計との関係
特記仕様書	使用図書を確認。構造設計特記仕様書と情報が重なる部分は整合性に注意する
求積図	延床面積や建築面積を確認する。計画建物の概要を把握し、建物の重量を算出するのに必要
配置図	施工条件を把握し、施工計画を立てるのに必要。また、設備配管の経路が構造躯体とぶつからないかも確認する
平面図 立面図 断面図	構造図(伏図、軸組図)作成の基本的な情報を把握する。階数や高さ、スパンなどの情報は、構造計算ルートを選択する設計初期の段階から構造計算、構造図の作成にも重要な情報となる
平面詳細図 断面詳細図 矩計図	構造の詳細図を作成するために、平面図や立面図からでは読み取れない情報を把握する。建物の重量を算出するときには、これらの図面を使って、ふかし寸法や立上り寸法なども確認する
展開図 建具表	壁量を計算する際や構造計算する際に必要となる開口寸法を確認する
仕上表	構造計算に用いる仮定荷重を算出するために必要。仕上げによって荷重は大きく変わる

継手や金物まで詳細に描く木造の構造図

　構造種別にかかわらず、伏図と軸組図の2つの構造図は必ず描きます。ただし構造種別によって使う材料が異なるため、図面の描き方が異なります（図）。

平面的な構造を知る伏図

　伏図とは、基礎や床（天井）、小屋組、屋根などの構造材の表した平面図のことで、基礎伏図、床伏図、小屋伏図、屋根伏図があります。

　伏図に柱を描くときは、通し柱と管柱が分かるように記載します。間柱は描き込むと煩雑になるので、省略することもあります。梁や土台などの横架材は、材の寸法や材質、継手位置なども併せて記載します。床や耐力壁の仕様も必要ですが、寸法や材質をすべて描き込むと図面が見づらくなるので、記号化して凡例をつけます。

　金物は、各階床伏図に記入する土台や梁の継手とホールダウンの位置に気をつけて記載します。基礎については、立上りの位置や人通口の位置を明記します。1つの建物でも基礎断面が複数になることが多いので、部材リストまたは基礎伏図には基礎リストを付けます。

　このように伏図には、さまざまな情報が描き込まれますが、1枚の図面の情報量が多くなると、現場での読み間違いにつながりかねません。そこで特記仕様書として別途整理します。

立体的な構造を知る軸組図

　軸組図とは、建物の垂直方向の骨組みを表す図面です。柱の長さや梁の継手位置のほか、伏図では表現しづらい梁の掛かり方の上下関係や、開口部の位置などを表現します。

　軸組図には、地盤面、基礎、土台、柱、間柱、筋かい、梁・桁、小屋組、耐力壁の寸法や材質、高さなども描きます。

　伏図、軸組図ともに描き終えた段階で意匠図との整合性を十分に確認します。

> 伏図では柱の種類や土台・梁の継手位置、金物の位置などを正確に描きます

木造の伏図・軸組図の例

2階床伏図

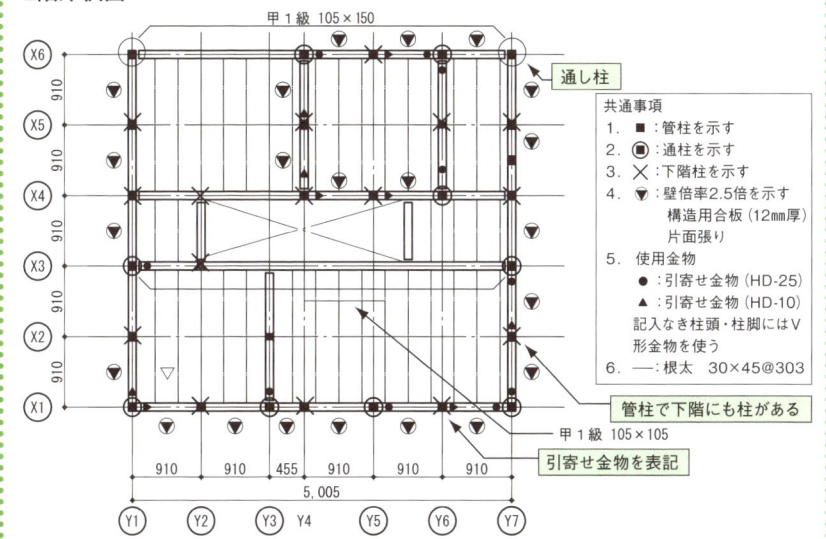

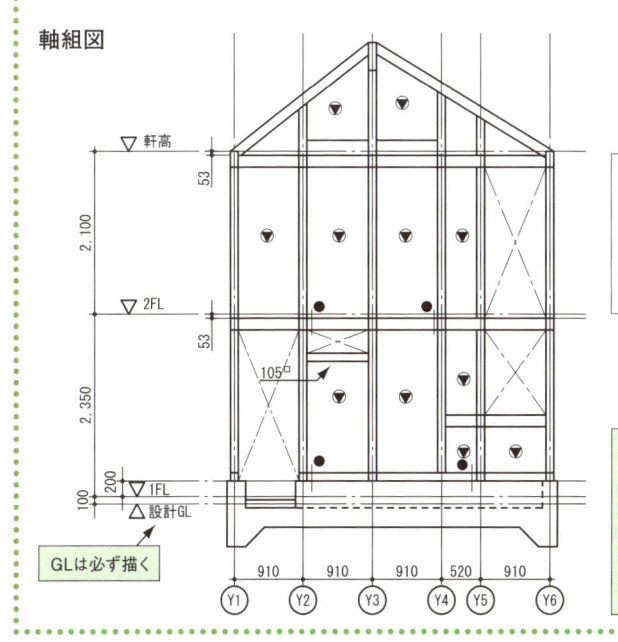

甲1級 105×150

通し柱

共通事項
1. ■ ：管柱を示す
2. ⦿ ：通柱を示す
3. ✕ ：下階柱を示す
4. ▼ ：壁倍率2.5倍を示す
   構造用合板（12mm厚）
   片面張り
5. 使用金物
   ● ：引寄せ金物（HD-25）
   ▲ ：引寄せ金物（HD-10）
   記入なき柱頭・柱脚にはV形金物を使う
6. ── 根太　30×45@303

管柱で下階にも柱がある

甲1級 105×105

引寄せ金物を表記

軸組図

▽ 軒高

共通事項
1. ▼ ：壁倍率2.5倍を示す
   構造用合板（12mm厚）
   片面張り
2. 使用金物
   ● ：引寄せ金物（HD-25）
   ▲ ：引寄せ金物（HD-10）

・引寄せ金物は、原則、上下階で同じ仕様にする
・梁と柱の優先順位が分かるように表記する
・1本の柱の長さは5～6mくらい。3階建てで通し柱とするときは施工業者と相談する必要がある

GLは必ず描く

5 構造に関する図面の読み方

施工条件を考慮して描く鉄骨造の構造図

　鉄骨造の構造図は、梁伏図(はりふせず)と軸組図(じくぐみず)が基本です（図）。

梁伏図に部材位置と接合を描く

　梁伏図では、柱、大梁、小梁を描きますが、大梁をダブル線、小梁を単線とするなど線種を変えて区別します。小梁と大梁はピン接合が基本なので、それが分かるように大梁から小梁を少し離して描くこともあります。小梁を連続させた連続梁など、継手(つぎて)を剛接合(ごう)とする場合は、剛接合部分を丸印で表現するなど工夫します。

　合成デッキスラブや折板の屋根を掛ける場合は、材料の強度に方向性があるため、小梁の掛け方やピッチを正しく描くことが重要になります。

　伏図は、基本的に符号図であり、部材のおおよその位置が示されれば大きな問題はありません。

　梁や柱の偏りを明確にする場合は、柱芯(しん)図を描きます。柱芯図とは、通り芯から柱芯の偏り寸法が描かれた図面です。スケールはできるだけ大きくし、階ごとに柱の断面が変わるような場合も、柱芯図を描きます。

施工を考慮して軸組図を描く

　軸組図では、柱・梁のレベル（高さ方向の位置）と現場継手位置、ベースプレートのレベルを確認しながら描くことが重要です。

　特に現場継手位置は、コストに大きく影響するのでよく確認します。継手を多く設けると部材が増え、部材を運ぶトラックが多く必要となります。逆に継手を減らして、大きな部材を用いると、大きな重機とトランスポーターが必要となります。

　従って、軸組図を描く際には、計画地の道路状況や周囲の障害物のことも考えながら継手位置を決定します。

　形状や材質など、各部材の詳細の情報は、部材リストに別途まとめます。

> 鉄骨造の構造図は、施工時の条件を意識して描きます

図

鉄骨造の伏図・軸組図の例

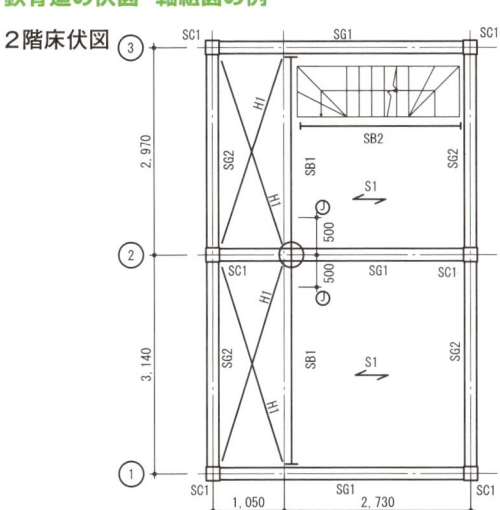

2階床伏図

共通事項
1. ⇔：デッキ方向を示す
2. ①：現場ジョイント位置を示す
3. ⇔：剛接位置を示す

- 小梁で現場剛接合部分は伏図での表記が必要
- 柱や梁の寄りは、小規模建物では表記可能だが、一般的には構造図で描く

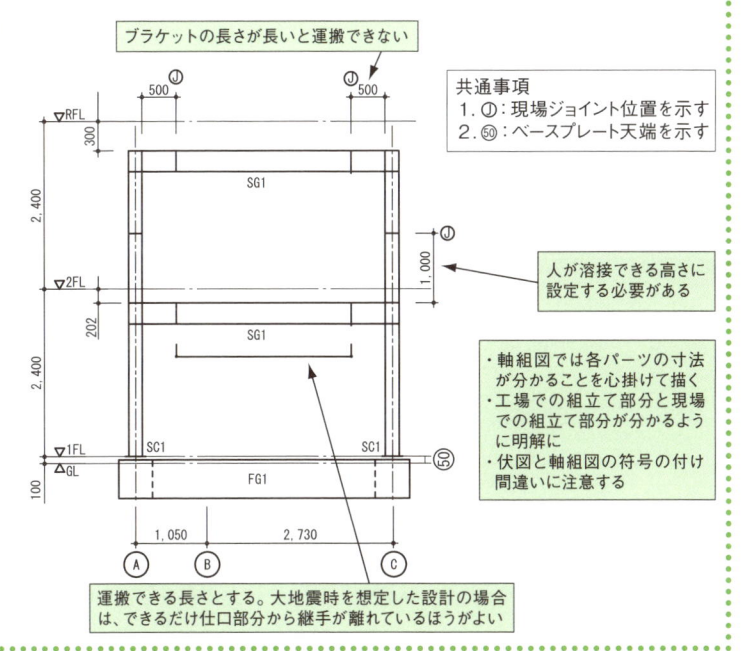

軸組図

ブラケットの長さが長いと運搬できない

共通事項
1. ①：現場ジョイント位置を示す
2. ㊿：ベースプレート天端を示す

人が溶接できる高さに設定する必要がある

- 軸組図では各パーツの寸法が分かることを心掛けて描く
- 工場での組立て部分と現場での組立て部分が分かるように明解に
- 伏図と軸組図の符号の付け間違いに注意する

運搬できる長さとする。大地震時を想定した設計の場合は、できるだけ仕口部分から継手が離れているほうがよい

レベルの表現が重要な
鉄筋コンクリート造の構造図

　鉄筋コンクリート造の構造図の基本は、ほかの構造と同じで伏図と軸組図です（図）。

伏図にも部材のレベルを描く

　鉄筋コンクリート造の伏図で重要なのは、梁や柱の符号と併せて各部材のレベルを描き込むことです。

　木造や鉄骨造と異なり、鉄筋コンクリート造では、床レベルを自由に調整することができるため、伏図でも梁レベルと床レベルが分かるように記載します。通り芯から柱面までの寸法を記載した柱芯図を描かない場合は、伏図で柱と梁の偏りが分かるようにしておく必要があります。

軸組図では開口位置に注意

　軸組図では、梁レベルや柱長さ、壁、開口部を描きます。

　鉄筋コンクリート造では、梁の途中でレベルが変わることもしばしばあるため、床の仕上面の位置（フロアレベル：FL）やコンクリート床の位置（スラブレベル：SL）から梁がどの程度上下しているかが分かるように表現します。

　フロアレベルが複雑で分かりにくい場合は、軸組図に破線でスラブ断面を表現する場合もあります。

　2007年6月20日の建築基準法改正により、鉄筋コンクリート造の軸組図には、開口部の寸法・位置を描き込むことが義務付けられました。開口寸法は窓枠の寸法ではなく、躯体の寸法を記入します。

　鉄筋コンクリート造では、壁のせん断破壊を避けるために柱と壁の間に耐震スリットを設けることが多いため、壁を描く際にはスリット位置を軸組図に描き込む必要があります。符号を付けて、耐震壁と非耐震壁の違いが分かるようにします。

　なお、コンクリート内部の鉄筋については、標準的なものは配筋標準図や部材リスト、特殊なものは詳細図を別途作成します。

> 鉄筋コンクリート造では伏図にも梁や床レベルを明記します

図

鉄筋コンクリート造の伏図・軸組図の例

床伏図

耐震壁 / 非耐震壁

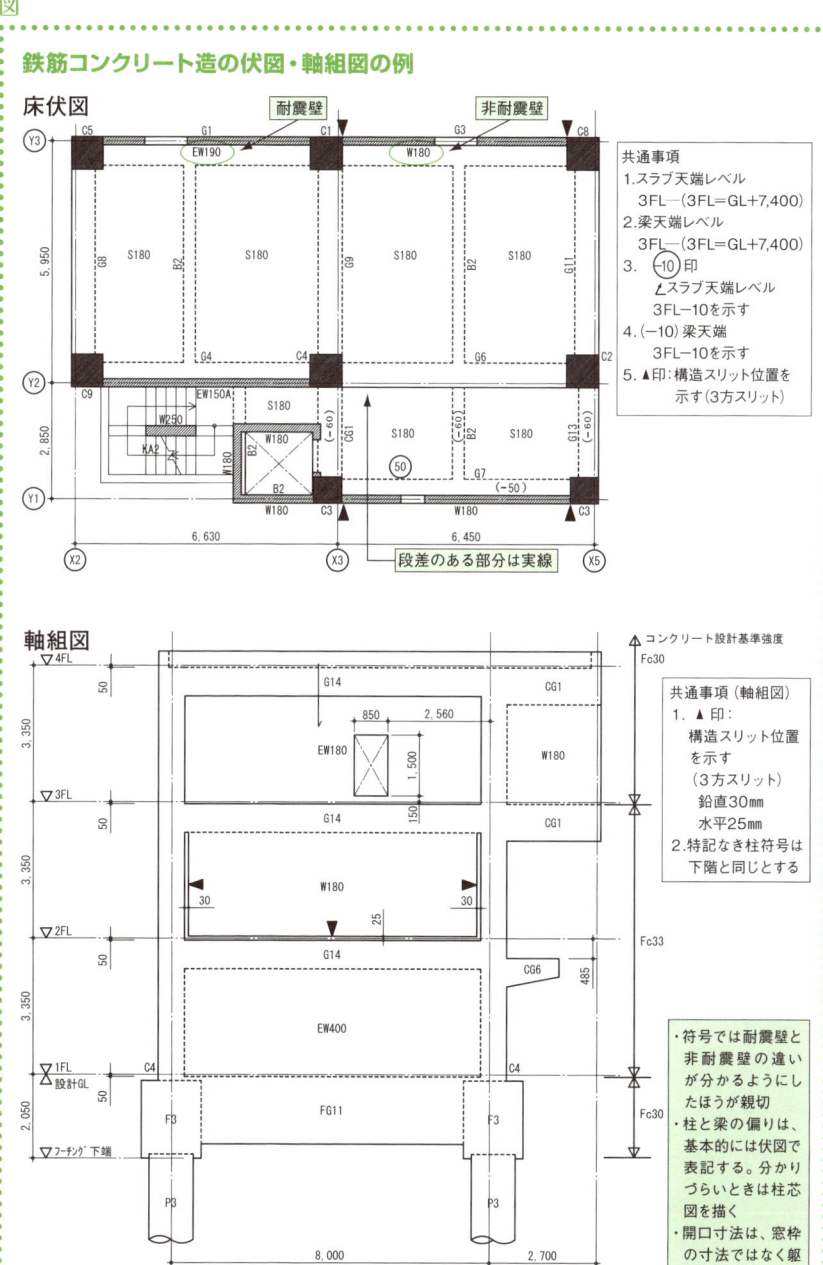

共通事項
1. スラブ天端レベル
   3FL←(3FL=GL+7,400)
2. 梁天端レベル
   3FL←(3FL=GL+7,400)
3. (-10)印
   ↙スラブ天端レベル
   3FL-10を示す
4. (-10) 梁天端
   3FL-10を示す
5. ▲印：構造スリット位置を示す(3方スリット)

段差のある部分は実線

軸組図

コンクリート設計基準強度
Fc30
Fc33
Fc30

共通事項(軸組図)
1. ▲印：
   構造スリット位置
   を示す
   (3方スリット)
   鉛直30mm
   水平25mm
2. 特記なき柱符号は
   下階と同じとする

・符号では耐震壁と非耐震壁の違いが分かるようにしたほうが親切
・柱と梁の偏りは、基本的には伏図で表記する。分かりづらいときは柱芯図を描く
・開口寸法は、窓枠の寸法ではなく躯体の寸法

5 構造に関する図面の読み方

階ごとにまとめる部材断面リスト

鉄骨造の部材断面リスト

　鉄骨部材は、既製品を使用することが多く、部材寸法や材質がある程度決まっているため、部材断面リストの作成にはさほど手間がかかりません。ただし部材寸法の書き方にはルールがあるので、覚えておく必要があります。

　梁部材によく用いられるH形鋼は、H－(梁せい)×(フランジ幅)×(ウエッブ厚)×(フランジ厚)の順番で表記します。

　既製品ではなく、板を組み合わせてH形鋼を製作した場合は、先頭の頭文字にB (Built)を付けてBHと標記し、既製品と区別します。

　柱部材は、(柱形状)－(一方の幅)×(もう一方の幅)×(板厚)のように表記します。500㎜角で板厚19㎜の角形鋼管を使った場合、□－500×500×19となります。

　なお、既製品の柱材は、コーナー部がR形状となっており、R寸法を最後に付け加えることもあります。

鉄筋コンクリート造の部材断面リスト

　梁リストは、断面形状、上筋・下筋の本数、スターラップ(あばら筋)の本数・径・ピッチ、幅止め筋の径・ピッチ、腹筋の本数などを書き込みます。鉄筋は単純な円で表現するのが一般的ですが、鉄筋の径ごとに記号を決めて表現する場合もあります。最近では、計算書と部材リストの整合性を強く求められるため、正確に表記することが必要です。たとえば、梁の上下筋も2段配筋とするか1段配筋とするかなども明確に表現する必要があります。

　柱リストでは、断面形状、主筋本数、フープ(中子)の本数・径・ピッチを描きます。通常、柱の向きは伏図に合わせますが、リストだけで柱の方向が分かるように表現しておくことが大切です。

　柱断面の中央にあるフープは、梁の幅止め筋と同じような位置にくるため、線種を変えるなどして、幅止め筋と区別できるようにします(図)。

> 部材断面リストでは、階ごとに部位の断面形状と寸法をまとめます

図

部材リストの例

鉄骨部材リスト

符号	断面形状	断面	材質
SC1	□	□−200×200×9	BCR295
SC2	□	□−175×175×6	STKR400
SG1	I	H−200×100×5.5×8×8	SN400B
SG2	I	BH−250×100×9×16	SN400C

BH → 組立て材はBを付けて

柱リスト　　幅止め筋　⌐ −D10@1000以下

符号	C1	C2
9 F	(図)	(図)
Dx×Dy	600×600	600×600
主筋	14−D25	14−D25
Hoop [※1]	⊞−D13@100	⊞−D13@100

※1　フープ・帯筋

- 鉄骨部材はほとんどの場合、JIS規格寸法材を使用するが、材質によっては入手できない場合もあるので要注意
- 組立て材の場合は、寸法や材厚は自由だが、板厚は使われる寸法で決まっている。規格外の板厚を使う場合は要注意

大梁リスト　　幅止め筋　⌐ −D10@1000以下

符号	G1	
位置	端部	中央
	(図)	(図)
断面	400×700	400×700
上筋	4−D25	4−D25
下筋	4−D25	4−D25
S.T. [※2]	□−D13@100	
腹筋	2−D13	

※2　スターラップ・あばら

- 鉄筋コンクリートの部材リストは、できれば鉄筋の種別も図示したほうがよい
- スターラップやフープの形状（フック位置）も分かるように表記。特に、高強度せん断補強筋の場合は、スパイラル形状のスパイラル筋となる

5　構造に関する図面の読み方

鉄骨造と鉄筋コンクリート造の構造詳細図

構造詳細図は、構造躯体の断面や材料、寸法などを記載する図面です（図）。

鉄骨造の詳細図

鉄骨造の構造詳細図では、各部分での溶接の仕様や向き、現場溶接か工場溶接かの区分けなどを記載します。

また、溶接する個所としない個所を交互に設ける断続溶接の場合は、溶接のピッチを記入し、隅肉溶接の場合は、のど厚なども併せて描き込みます。

鉄骨造の場合は、合成デッキや外壁の取付け材との接合部の取合いなど、現場で確認し難い事項が多くあります。

そのため、こうした納まりに不備がないことを事前に図面で確認できるように、構造詳細図は細心の注意をもって描く必要があります。

鉄筋コンクリート造の詳細図

鉄筋コンクリート造は、壁の立上り高さなど、自由に形状や寸法を変えることができる部分が多いため、それらすべてを図面に描くことは非常に困難です。

そこで詳細図では、配筋の原則を示したもの（配筋要領）と、特に複雑な取合いになる個所のみを示したものの2種類を描きます。配筋要領には、鉄筋の径やピッチ、定着長さ、継手長さの情報を描きます。一方、複雑な取合い部は、鉄筋だけでなく、打設後のコンクリート形状も正確に描く必要があります。コンクリート打継ぎ部などは、継手位置も正確に伝わるように描きます。

柱・梁の架構を描いたラーメン詳細図では、取合い部で鉄筋が直交するため、平面的な納まりだけではなく、立体的な納まりも意識しながら図面を描く必要があります。また、鉄筋は直角に加工できないため、鉄筋の折り曲げたときの曲線まで描くようにします。

構造計算プログラムでは、部材断面の安全性は確認できますが、細かな納まりは確認できません。そのような点からも詳細図での確認が大切です。

> 鉄筋コンクリート造では配筋要領と複雑な取合い部分の詳細図を描きます

図

構造詳細図の例

鉄骨架構詳細図

鉄筋コンクリート造架構詳細図

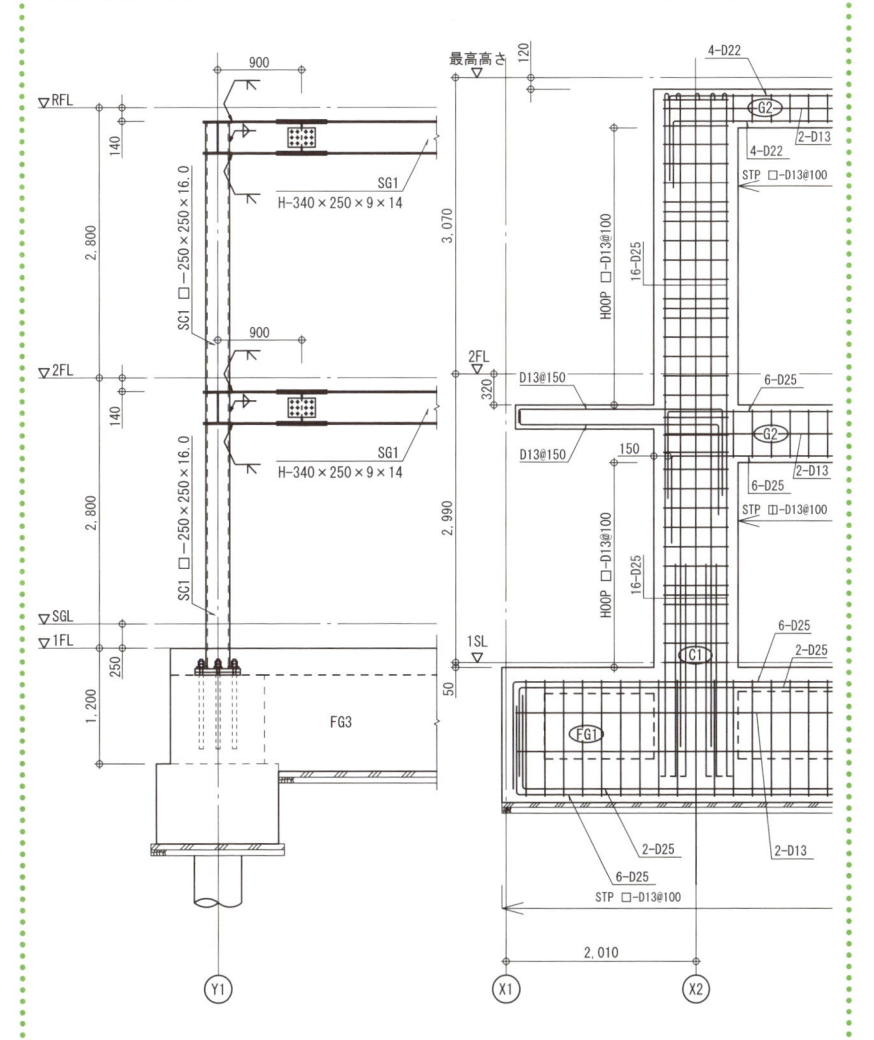

5　構造に関する図面の読み方

> 一貫計算プログラムや応力解析プログラムでは部材断面の安全性は確認できるがディテールについては無視されている。全体の納まりを確認するうえで詳細図は重要。また、構造上の納まりだけではなく、意匠設計者にも見てもらい仕上材への影響を考慮する

継手や溶接の仕様をまとめる
継手・溶接基準図

鉄骨造では、継手基準図と溶接基準図を作成します。継手や溶接部分の多い鉄骨造では、施工性を向上させるために欠かせない構造図です。

継手基準図

継手基準図（継手リスト）は、継手の納まりを描いたものです。鉄骨造の継手は同じ仕様となることが多いため、継手基準図としてまとめることで繰り返し同じ図面を描く手間が省け、作図や施工上のミスを軽減することができます。

図面には、継手形式、継手符号、断面形状・寸法、ボルト径・ピッチ、添え板（スプライスプレート）・ガセットプレートの板厚などを記載します。

継手のボルトには、一般的に高力ボルトか特殊高力ボルトが用いられます。特殊高力ボルトを使用する場合は、認定品となるため、認定番号を図面に記載します。ボルト接合では、ピッチやヘリあきを確認します（図1）。

溶接基準図

溶接基準図（溶接リスト）は、使用する溶接の種類と施工要領をまとめたものです。溶接方法は同一の仕様が多いため、リストとしてまとめます（図2）。

図面には、溶接の種類や部分、溶接記号、開先角度、裏当て金の材質・形状、エンドタブの種類・形状、スカラップの位置・形状などを描きます。

小規模建物では、部材の厚さが25mm程度になることもあるため、突合せ溶接の場合は、裏当て金を用います。

H形鋼の場合は、ウエッブ部分に裏当て金を通す半円の孔（スカラップ）をあけるスカラップ工法、孔の形状を改良しスカラップに応力が集中することを防ぐ改良型スカラップ工法、孔をあけず溶接するノンスカラップ工法があります。

それぞれの工法で裏当て金の形状が異なるため、図面で確認できるようにします。

継手・溶接基準図には、繰り返し用いる継手や溶接の仕様をまとめます

図1

継手基準図の例

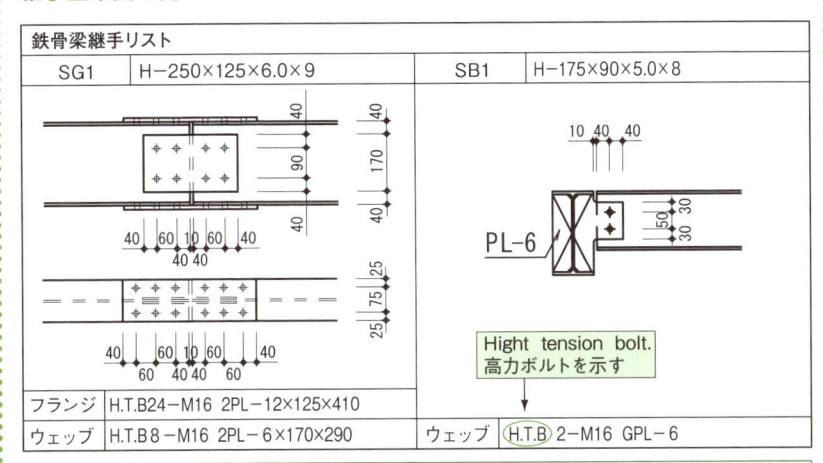

鉄骨梁継手リスト

SG1	H−250×125×6.0×9	SB1	H−175×90×5.0×8

（図：SG1 フランジ・ウェブの継手詳細、寸法 40, 60, 10, 60, 40 / 40, 40 / 90, 170, 40 など。SB1 の PL-6 継手詳細、寸法 10, 40, 40 / 50, 30, 30 など）

フランジ	H.T.B24−M16　2PL−12×125×410
ウェブ	H.T.B8−M16　2PL−6×170×290

ウェブ	H.T.B 2−M16　GPL−6

Hight tension bolt.
高力ボルトを示す

- ボルト接合ではピッチやへりあきを確認する
- 各ボルト径によって最小値がある。ただしボルト径にあわせて数値を変えると間違いのもとなので、できるだけ同じ寸法でそろえたほうがよい

図2

溶接基準図の例

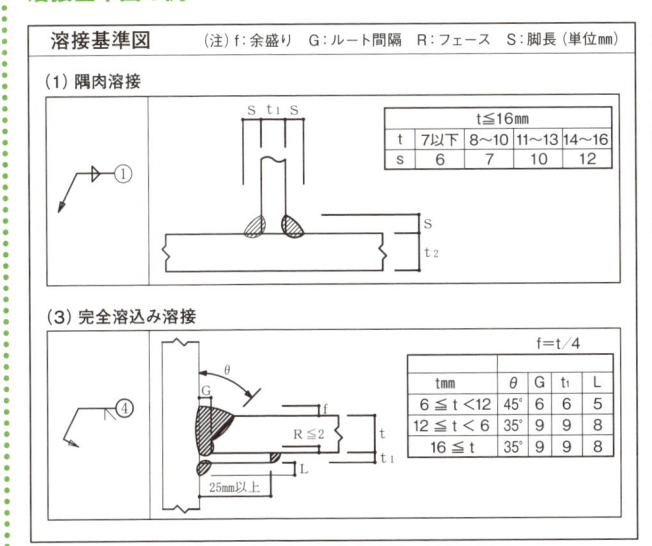

溶接基準図　（注）f：余盛り　G：ルート間隔　R：フェース　S：脚長（単位mm）

(1) 隅肉溶接

① （図）

	t≦16mm			
t	7以下	8～10	11～13	14～16
s	6	7	10	12

(3) 完全溶込み溶接

④ （図）

f=t/4

tmm	θ	G	t₁	L
6≦t<12	45°	6	6	5
12≦t<6	35°	9	9	8
16≦t	35°	9	9	8

25mm以上

溶接基準図は各工場で仕様が異なるので個別に作成することは難しい。一般的には東京都建築士事務所協会などが発行している標準図を使うことが多い

5　構造に関する図面の読み方

意匠設計・設備設計と構造設計

重層化した設計業務

　意匠・構造・設備の各設計は、相互に密接に関係しています。意匠設計者は、設計の初期段階で、簡単な平面図と立面図を作成し、構造設計者と設備設計者に設計の意図と大体のプランを伝えます。

　図面を受け取った構造設計者は、意匠計画や仕上材、設置する設備を意識しながら、主に荷重やスパン、柱位置や梁位置と各部材の仮定断面を検討して、構造図を作成します。

　設備設計者は、意匠設計者が描いた平・立面図をもとに使用する機器や配管ルートを検討し、設備図を作成します（図1）。

実施設計までの打ち合わせ

　意匠設計者は、基本計画時に構造設計者からプランにおける柱や梁、床スラブの構造上の役割などを聞き、協議しながらそれらの位置を決めていきます。

　実際に、各階の平面図を積み上げてみると柱が通っていなかったり、床が空中に浮いているプランが少なくありません。この場合、意匠設計者は、構造設計者と確認しながら各部材の配置を再検討することになります。

　実施設計に入ると、部材の位置や寸法が明確になるので、意匠図や設備図と矛盾がないことを相互に確認します。

　設備設計図と構造設計図では、構造と設備が取り合う部分の綿密な調整が必要となります。

　構造計算上安全なスラブ厚や壁厚でも、電気配管を考えると十分でない場合があり、現場が動いてから構造計算上想定していない断面欠損が見つかるというケースが少なくありません。意匠設計者は、設備設計者の描いた設備図をもとに、配電盤の位置や配管計画を構造設計者に伝えなければなりません。

施工時の打ち合わせ

　施工に移ると、施工会社が設計図書をもとに施工図や施工計画書を作成します。意匠設計者は、施工図や施工計画書が正しく作成できるように、仕様や各種形状・寸法を施工会社に伝えます（図2）。

施工段階では施工図・施工計画書と構造図の整合性を確認します

図1 設計者間のやりとり

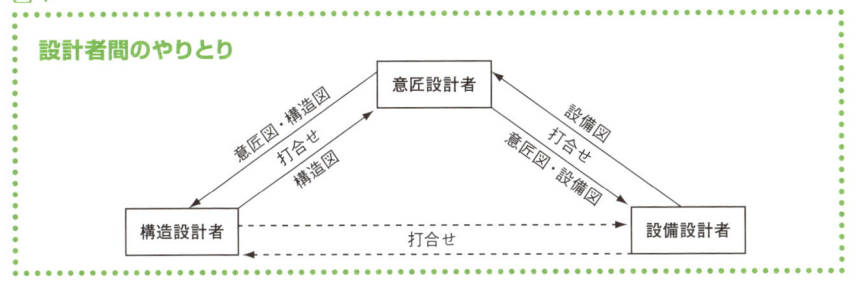

```
           意匠設計者
          ↗       ↘
  意匠図・構造図    設備図
      打合せ    意匠図・設備図
    構造図        打合せ
  ↙                    ↘
構造設計者 ←---打合せ---→ 設備設計者
```

図2 意匠設計者と構造設計者のかかわり

基本設計段階

意匠設計者 →　意匠設計図、概略図（荷重情報など）の作成　→ 構造設計者

意匠設計者 ←　仮定断面の算出　← 構造設計者

意匠設計者 →　架構方法・使用材料の検討　← 構造設計者

実施設計段階

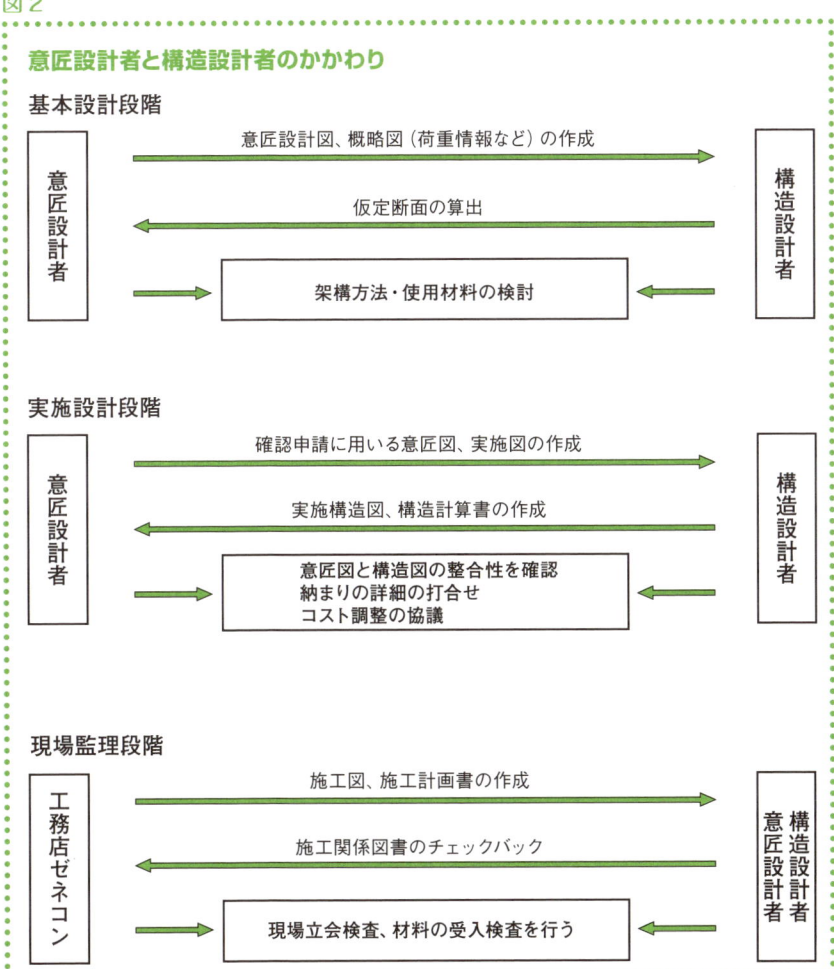

意匠設計者 →　確認申請に用いる意匠図、実施図の作成　→ 構造設計者

意匠設計者 ←　実施構造図、構造計算書の作成　← 構造設計者

意匠設計者 →　意匠図と構造図の整合性を確認／納まりの詳細の打合せ／コスト調整の協議　← 構造設計者

現場監理段階

工務店ゼネコン →　施工図、施工計画書の作成　→ 構造設計者／意匠設計者

工務店ゼネコン ←　施工関係図書のチェックバック　← 構造設計者／意匠設計者

工務店ゼネコン →　現場立会検査、材料の受入検査を行う　← 構造設計者／意匠設計者

5 構造に関する図面の読み方

コラム
地震や災害の被害検証を経て改定されてきた建築構造法規

　建築基準法の構造規定に関する部分は、地震や自然災害の被害を研究することによって発展してきました。関東大震災をきっかけに震度という考え方を導入することにより地震に対する設計が可能となり、十勝沖地震では、脆性破壊に対する規定が導入されました。兵庫県南部地震（阪神・淡路大震災）では、いままでの規定に対して厳格な取扱いが要求されるようになりましたが、1980年以前の改正のように考え方を変えるような改正は行われませんでした。代わりに限界耐力計算法などの新たな設計方法が導入され、いままでの建築基準法の変遷とは少し様子が変わってきています。

構造関連建築基準法の変遷

年代	構造規定の変遷	変更内容	主な出来事
1919年	市街地建築物法		
23年			関東大地震
24年	市街地建築物法施行規則の構造規定改正	地震力規定の新設（水平震度0.1）	
25年〜35年			柔剛論争
32年	市街地建築物法施行規則の構造規定改正	コンクリートの許容応力度（水セメント比による強度式）鉄骨の接合方法（リベット接合以外が認められる）	
34年			室戸台風
37年	市街地建築物法施行規則の構造規定改正	長期・短期許容応力度の導入	
40年			インペリアルバレー地震（エルセントロ地震波の観測）
43年〜44年	臨時日本標準規格	地震力　通常地盤0.15　軟弱地盤0.20　長期・短期の応力の組み合わせ	
47年	日本建築規格建築三〇〇一	地震力：通常地盤0.2　軟弱地盤0.3	
50年	建築基準法制定		
59年	建築基準法改正	補強コンクリートブロック造の規定の新設など	
64年			新潟地震（液状化）
68年			十勝沖地震（脆性破壊）
71年	建築基準法改正	靭性とせん断力の確保	
80年	建築基準法改正	新耐震設計法（保有水平耐力計算の導入）	
87年	建築基準法改正	木造建築物規定の新設	
95年	建築物の耐震改修の促進に関する法律(10月)		兵庫県南部地震（1月）
2001年	建築基準法改定	限界耐力計算法の導入	
05年			耐震強度偽装事件
07年	建築基準法改正（施行）	適合性判定機関の新設	
08年	建築士法改正	構造設計1級建築士の新設	

第 6 章

構造計算の手法と法律

建物の構造安全性を
確認する構造計算書

変わる構造計算書の意味

これまで、構造計算書は、構造図面の補助的な書類とされてきました。しかし、2007年の建築基準法改正で、構造計算書が法律上の書類として位置づけられ、構造計算概要書、安全証明書、1級建築士の免許書の写しを添付して、確認申請図書として提出しなければならなくなりました。そして、15年の保存が義務付けられました。

構造計算書では、構造上の特徴、構造計算方針、荷重の設定、断面の安全性、構造計算ルートなどの内容を必ずチェックしますが、真っ先にチェックするのは概要部分です。概要部分は、建物の規模や構造形式など、構造計算にとっての基本的な情報が記載されています。また、構造上の特徴や構造設計の方針など、構造計算の概要についても触れられています。

構造計算の方法

建築基準法に規定されている構造計算方法は、許容応力度計算、保有水平耐力計算、限界耐力計算、時刻歴応答解析の4つです（図）。

① **許容応力度計算**

部材の許容応力度を長期および短期の2通り設定して、部材に発生する応力度が長期・短期ともに許容応力度以下であることを確認する方法です。部材が降伏する以前の計算を行い、地震時は中小地震を対象とします。

② **保有水平耐力計算**

最終的に倒壊する直前の建物の耐力を計算する方法です。部材のもつ塑性能力を考慮して、大地震時の安全性を確認します。

③ **限界耐力計算**

建物の使用限界と安全限界の目標値を設定して、それを満足していることを確認する計算方法です。

④ **時刻歴応答解析**

観測された地震波や建築基準法で定められた地震波を用いて、コンピュータ上で実際に建物の時々刻々と変化する状態を解析する計算方法です。

詳しくは次項以降で説明します。

> 構造計算書は、15年の保存が義務付けられています

図

構造計算の方法

許容応力度計算

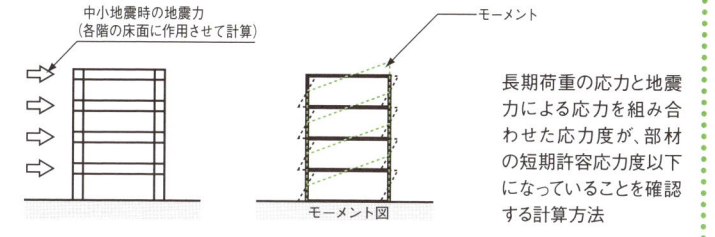

中小地震時の地震力
(各階の床面に作用させて計算)

モーメント

モーメント図

長期荷重の応力と地震力による応力を組み合わせた応力度が、部材の短期許容応力度以下になっていることを確認する計算方法

保有水平耐力計算

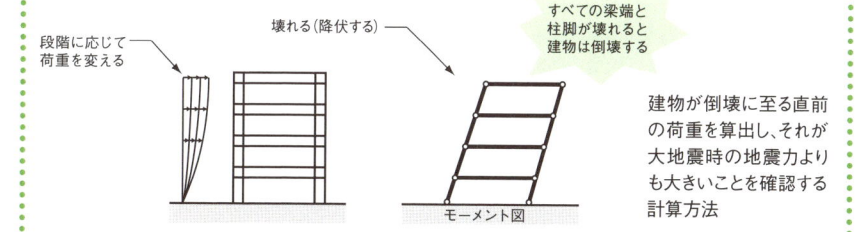

段階に応じて荷重を変える

壊れる(降伏する)

すべての梁端と柱脚が壊れると建物は倒壊する

モーメント図

建物が倒壊に至る直前の荷重を算出し、それが大地震時の地震力よりも大きいことを確認する計算方法

限界耐力計算法

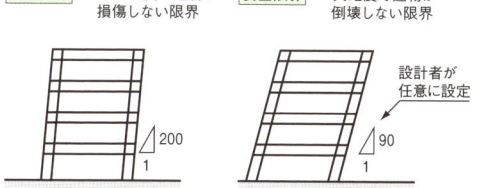

損傷限界 …中小地震で建物が損傷しない限界

安全限界 …大地震で建物が倒壊しない限界

設計者が任意に設定

200/1

90/1

変形の限界値(損傷限界と安全限界)を設定。建物の硬さや地盤の性状から決まる地震力(中小地震と大地震)よりも、建物の耐力があることを確認する方法

時刻歴応答解析

実際の地震波や地盤調査などで得られた情報から人工的につくった地震波を、コンピュータ上で建物に入力し、部材の安全性を確認する方法

6 構造計算の手法と法律

各部材に生じる応力を基に検証する許容応力度計算

許容応力度計算とは

　許容応力度計算とは、各種の外力によって部材に発生した応力度が、部材の許容応力度以下に納まっていることを確認する計算方法です（図）。

　材料には、力を加えていくとある点で性質が変わる弾性限度、降伏点強度、最大強度などのポイントがあります。

　各材料の基準強度はこのポイントの値を基に定められています。たとえば鋼材では、降伏点強度と最大強度の70％の値で小さい方が基準強度として定められています。

　基準強度に安全率を掛けると許容応力度が求められますが、この安全率の値も、応力の種類（圧縮・引張り・曲げ・せん断）や、材料、形状に応じて建築基準法に定められています。

　許容応力度は、荷重の継続時間によって、長期許容応力度と短期許容応力度の2つがあります。

法規上の許容応力度計算

　建築基準法上の許容応力度計算は、高さ31m以下の建築物に適用されます。保有水平耐力計算を行わず、高さ方向の剛性のバランス（剛性率）や平面的な剛性のバランス（偏心率）などの計算によって大地震時の安全性を確認します。

　建築基準法では、中小地震と大地震の地震力が規定されていて、どの建物でも中小地震では建物機能が維持され、大地震時には壊れても倒壊しないことを目標に基準がつくられています。

　許容応力度計算では、中小地震で部材が壊れないことを確認した後に、剛性率や偏心率などを計算して大地震時の安全性を確認します。

　また、許容応力度計算は、2つのルートに分かれており、ルート1は、壁量を多く確保して強度を上げる設計、ルート2は大地震時に安全な壊れ方をすることを確認する設計です。

許容応力度には長期と短期の2種類があります

図

許容応力度計算とは

部材の許容応力度＞中小地震時の各部材の応力度

↓

| 許容応力度＝部材の材料の基準強度×安全率の係数 |

安全率の係数には、荷重継続時間の違いから、長期と短期が建築基準法で定められている

許容応力度計算の流れ

許容応力度計算（令82条の6）

荷重の設定（令82条）
応力度≦許容応力度の確認（令82条）
　応力の算定方法（平成19年国土交通省告示594号）
使用上の支障の計算（令82条）
　確認方法（平成12年建設省告示1459号）

↓

層間変形角の確認（令82条の2）
　確認方法（平成19年国土交通省告示594号）

↓

剛性率・偏心率の計算（令82条の6）
　各階の剛性率が6／10以上
　各階の偏心率が15／100以下（平成19年国土交通省告示594号）
　壁量の計算（昭和55年建設省告示1791号）

↓

屋根葺き材などの計算（令82条の4）
　計算の基準（平成12年建設省告示1458号）

建物の倒壊過程をシュミレーションする保有水平耐力計算

保有水平耐力計算とは

　保有水平耐力とは、建物が水平方向に力を受けたときに倒壊に至る水平力のことです。保有水平耐力計算では、各部材の耐力を計算し、その耐力から建物の保有水平耐力を算出します。計算方法には、節点振分け法、極限解析法、荷重増分法がありますが、一般的に行われているのは荷重増分法です。

　必要保有水平耐力を計算するには、建物の各階の構造特性係数（Ds）を算出する必要があります。構造特性係数は、建物のねばり強さ（塑性変形能力）やひび割れなどで消費されるエネルギーを考慮し振動減衰性状にもとづいて算出されます。塑性変形能力が高いほど、構造特性係数は小さくなります。

　構造特性係数によって必要保有水平耐力を計算する方法以外に、部材が降伏した後の塑性変形を実際に算出し、確認する方法もあります。

法規上の保有水平耐力計算

　建築基準法に規定されている許容応力度等計算は、許容応力度計算（1次設計）と保有水平耐力計算（2次設計）からなります。建築基準法で規定されている保有水平耐力計算という場合は、保有水平耐力計算を核にした2次設計の計算ルート（ルート3）のことを指します。

　建築基準法の上の保有水平耐力計算は、高さ31m超〜60m以下の建物や、剛性率・偏心率がルート1・2の規定に満たない建物の計算に用いられます。

　この計算ルートは、建物が壊れていく段階をシミュレーションしながら構造の安全性を確認する方法であり、その点で合理的な設計が行えます。

　ただし、許容応力度計算ルートに比べて高度な知識や経験が必要となります。2007年の建築基準法改正で、確認申請だけでなく適合性判定を行うことが法的に義務付けられました（図）。

> 建物が水平力を受けた際に倒壊するまでの耐力を計算します

図

保有水平耐力の概念

降伏とは
部材に力を加えたとき、変形は加えた力に比例して大きくなるが、やがてわずかな力でも変形が大きくなる。この変形の性状が変わることを降伏という

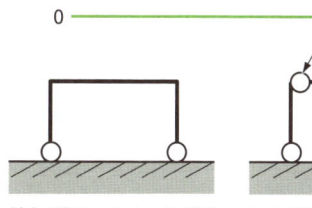

0 ←――――― 外力 ―――――→ 大

降伏する（ヒンジが入る）

倒壊

外力が加わってもヒンジができず安定している

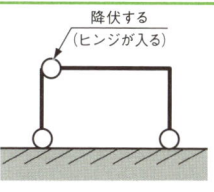

ヒンジができていない個所があり、まだ倒壊しない

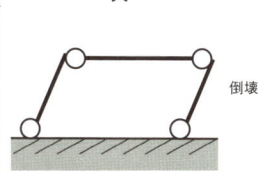

接合部すべてにヒンジができるので倒壊する

保有水平耐力の限界点

荷重増分法の考え方

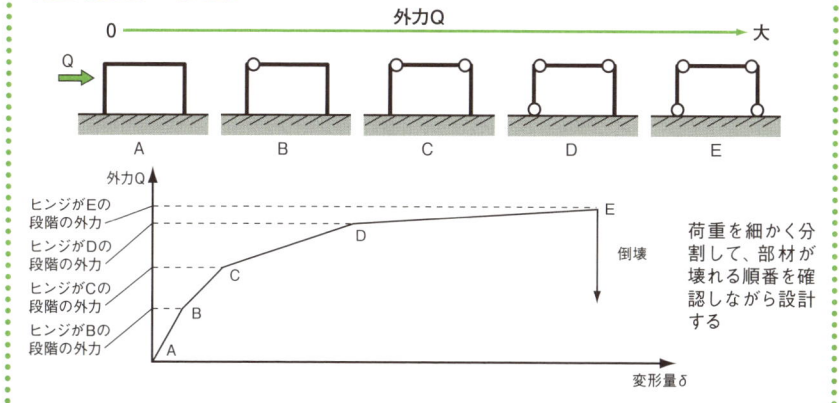

0 ←――――― 外力Q ―――――→ 大

Q → A　B　C　D　E

外力Q

ヒンジがEの段階の外力
ヒンジがDの段階の外力
ヒンジがCの段階の外力
ヒンジがBの段階の外力

A, B, C, D, E
倒壊
変形量δ

荷重を細かく分割して、部材が壊れる順番を確認しながら設計する

保有水平耐力計算の流れ

許容応力度計算
↓
保有水平耐力計算
・保有水平耐力計算の定義（令82条）
　計算方法（平19年国土交通省告示594号）
・層間変形角の検討（令82条の2）
・保有水平耐力の算出（令82条の3）
　建物の各階の構造特性（Ds）と建物の各階の変形特性（Fes）
　（昭和55年建設省告示1792号）など

6 構造計算の手法と法律

損傷限界と安全限界で検証する限界耐力計算

限界耐力計算とは

　限界耐力計算は、2000年の建築基準法改正時に、従来の構造計算（許容応力計算、保有水平耐力計算）と同等の計算として規定された計算法です。

　保有水平耐力計算の考え方をさらに進めて、塑性域の変形まで考慮し、倒れる状態まで明確にしています。性能設計という概念が取り入れられ、設計の目標値を設定し、部材がそれを満たすだけの性能をもっていることを計算で確認します。

　限界耐力計算の基本的な要求性能（目標値）は2つあります。

　1つ目の性能は、建築物に常時作用する荷重、存在期間中に数回程度遭遇する可能性の高い積雪、暴風、まれに発生する地震動などに対して損傷しないことで、この損傷しない限界値を損傷限界といいます。

　損傷限界時に各部材に生じる応力が部材の短期許容応力度以下で、建物の層間変形角が1／200以下に収まることなどを確認します。

　2つ目の性能は、積雪や暴風時にごくまれに発生する最大級の荷重・外力、および地震時にごくまれに発生する地震動に対して、建物が倒壊・崩壊しないことで、この倒壊しない限界値を安全限界といいます。

限界耐力計算の注意点

　限界耐力計算では、許容応力度等計算とは異なり、地盤の性状と建物の固有周期を適切に評価して、建物に作用する地震力を設定しているため、より合理的な構造計算ができます。

　また、許容応力度計算で要求される規定を適用しなくてもよいとされているため、木造伝統構法のように仕様規定を満足しにくい建物の構造計算に有効な手法です。

　ただし、限界耐力計算は、整形でバランスのよい建物を前提とした計算であるため、どのような建物でも適用可能というわけではありません（図）。

損傷限界は建物が壊れない限界値、安全限界は建物が倒壊しない限界値です

図

損傷限界の検討

損傷限界時の建物の変形量を検討

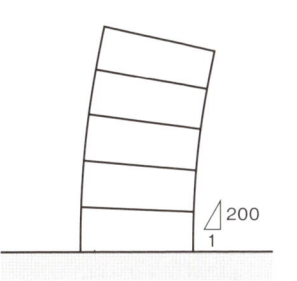

損傷限界時の層間変形角を1／200に設定。計画建物が損傷限界時にそれ以下の変形に納まるかを確認

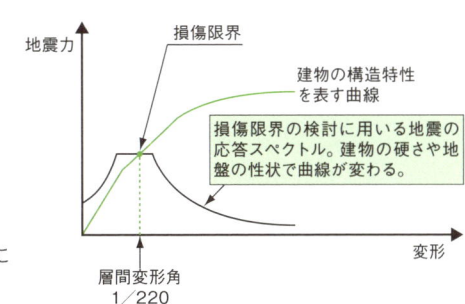

層間変形角 1／220

梁のたわみなどの検討

$$\frac{梁の変形量δ (mm)}{梁スパンL (mm)} \leqq \frac{1}{250}$$

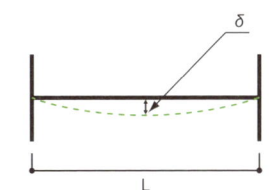

安全限界の検討

設定した変形時の部材の降伏の有無を検討

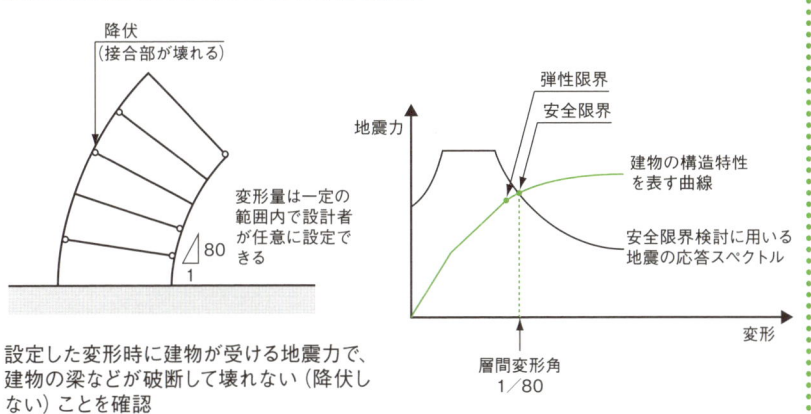

降伏（接合部が壊れる）

変形量は一定の範囲内で設計者が任意に設定できる

設定した変形時に建物が受ける地震力で、建物の梁などが破断して壊れない（降伏しない）ことを確認

層間変形角 1／80

（グラフ内ラベル）
- 地震力／変形
- 損傷限界
- 建物の構造特性を表す曲線
- 損傷限界の検討に用いる地震の応答スペクトル。建物の硬さや地盤の性状で曲線が変わる。
- 弾性限界
- 安全限界
- 安全限界検討に用いる地震の応答スペクトル

地震波をそのまま用いる構造計算方法

時刻歴応答解析とは

　時刻歴応答解析は、時々刻々と変化する地震力を用いて、建物が変化するさまを数値（応答値）に変えて構造の安全性を確認する計算方法です。

　許容応力度等計算では、地震力を大きさや方向が変化しない静的な荷重に置き換えて計算しますが、本来地震動は、強い周期（卓越した周期）や弱い周期などの複数の周期の波でできています。時刻歴応答解析では、変化する地震波をそのまま用いて構造の安全性を確認する計算法であるため、より詳細に建物の挙動や性状を確認することができます。

　地震波は、場所により変化しますが、近年、地震波に対する研究が進み、地盤調査結果からその場所の地震波（サイト波）をつくる手法が確立されています。また、過去に観測された地震波を使用して構造計算する場合も少なくありません。

　よく使われる波にエルセントロ波やタフト波があります。エルセントロ波は、1940年にアメリカのエルセントロで観測された地震波です。なお、地震のエネルギーが建物に伝わると、建物が揺れることで熱エネルギーなどに変換されます。この現象を減衰といい、時刻歴応答解析では減衰も考慮して解析が行われます。

時刻歴応答解析の運用

　建築基準法では、60 m超の高層ビルの構造の安全性は、許容応力度等計算や限界耐力計算では確認できません。時刻歴応答解析で構造計算し、大臣認定を取得することではじめて、この規模の建物の建設が可能となります。

　高層の建物以外でも、建築基準法上の仕様規定を満たすことができない建物について、時刻歴応答解析で構造の安全性を確認すれば、建築できることが建築基準法では認められています（図）。

> コンピューター上で建物を揺らして安全性を確認します

図

時刻歴応答解析の概念

観測所で実際の地震の地震動を観測

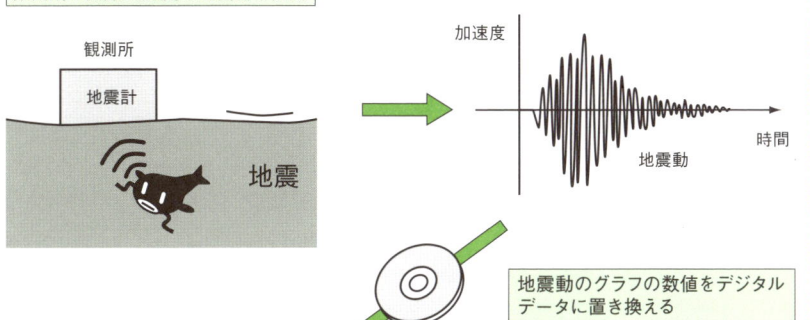

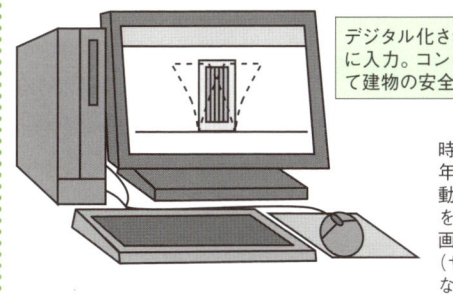

観測所
地震計
地震

加速度
時間
地震動

地震動のグラフの数値をデジタルデータに置き換える

デジタル化された地震動をコンピュータに入力。コンピュータ上で建物を揺らして建物の安全性を確認する

時刻歴応答解析では、エルセントロ波（1940年アメリカ・エルセントロで観測された地震動）など、実際の地震動を利用して建物の解析を行う。ただし最近は、技術が進歩し、建築計画地の地盤調査の結果から模擬的な地震波（サイト波）をつくって解析に用いられるようになった

時刻歴応答解析の流れ

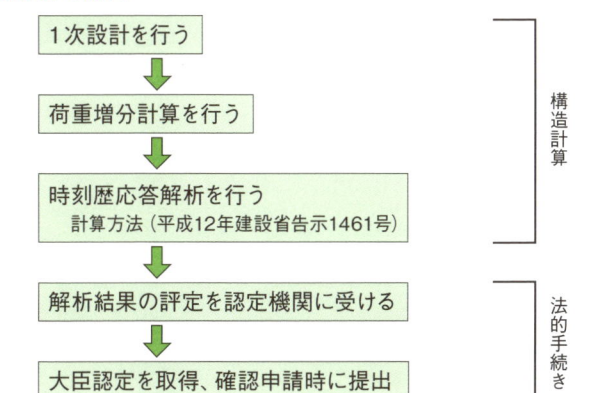

1次設計を行う
↓
荷重増分計算を行う
↓
時刻歴応答解析を行う
　計算方法（平成12年建設省告示1461号）
↓
解析結果の評定を認定機関に受ける
↓
大臣認定を取得、確認申請時に提出

構造計算｛1次設計を行う、荷重増分計算を行う、時刻歴応答解析を行う｝
法的手続き｛解析結果の評定を認定機関に受ける、大臣認定を取得、確認申請時に提出｝

6　構造計算の手法と法律

構造監理の業務内容と流れ

なぜ構造監理が必要か

　確認申請が終わり建物の着工段階になると、構造設計者は現場監理を行います。この構造設計者が行う、構造関係を中心とした工事監理のことを構造監理といいます。木造住宅であれば、意匠設計者が構造監理を行うことも少なくありませんが、鉄骨造や鉄筋コンクリート造では構造設計者が主に構造監理を行います。

　構造監理業務の目的は、構造図面どおりに正しく施工されていることを確認するだけでなく、構造設計の意図を施工者に正しく伝えることです。

　構造図や構造計算書だけでは伝わりにくい内容や意図を、現場に立ち会いながら施工者に直接伝えます。

構造監理の流れ

　構造監理は、施工の段階によって大きく3つに分けることができます。

　施工前の段階では、施工図や施工計画書、製作図などを設計図書と見比べて、問題がないことを確認します。特に、躯体図は、鉄筋コンクリート躯体をつくるうえでの情報がすべて描き込まれているため、十分に確認します。

　施工が始まったら、配筋やアンカーボルトの位置などが設計図どおりに施工されていることを確認します。材料搬入時には、搬入された資材に間違いがないことも確認します。工場で構造部材を加工する際には、工場に出向き、製品の品質や施工状況を確認するのも構造監理業務の1つです。

　最終的には、完成した躯体に問題ないことを確認します。コンクリート工事ではジャンカなどが生じることもあり、適切な処置方法を協議することも重要です。

　建築基準法では、施工時の中間検査が義務付けられているため、各検査機関の検査員が、施工のある特定の段階で、施工状況を確認します。

　意匠設計者や現場監督だけで説明が難しい場合は、構造設計者が立ち会って説明を行います（図）。

> 構造設計の意図を施工者に正しく伝えるのも構造監理の役割の1つです

図

構造監理の流れ

施工図の監理

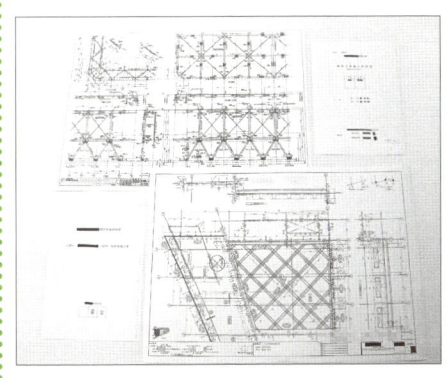

構造監理の基本は、設計図書と現場での施工が一致していることを確認することである。図面の監理では、施工図が構造設計の意図を正しく反映しているかを確認する。施工計画書では所定の品質が確保した躯体が施工可能かを確認する

施工関係図書（施工図と施工計画書）

現場の監理

①製品検査

鉄骨工場での柱部材の現場検査。寸法や溶接状況を確認

現場に持ち込まれる製品や材料が、設計図書や施工計画書の内容と相違がないかを確認する

②受入検査

生コンクリートの受入検査。スランプ値などを確認

③配筋検査

鉄筋の配筋検査。定着位置やかぶり厚を確認

6　構造計算の手法と法律

建築基準法と構造規定

基本となる法令

建築構造の技術的基準は、建築基準法6条、18条、20条の構造規定と建築基準法施行令36条、3章に定められています（図1・2）。

また、新しい技術的基準などについては、大臣が制定した告示で規定されています。それ以外にも、地域によっては、行政庁が条例や指導などで建築構造の規定を設けています。法文や条例などに書かれていない技術的基準や研究・実験の成果などは、学会規準や指針、解説書にまとめられています。

構造計算は、これらの法令や条例の規定を順守しながら、各種学会の規準や指針も参考にして進めます（図3）。

構造関係の規準・指針

構造関係の規準や指針は非常にたくさんありますが、各構造別に基本書があり、最低限それらは把握しておかなければなりません。

構造関係の基本書として挙げられるのが、『建築物の構造関係技術基準解説書』（監修・国土交通省住宅局建築指導課ほか）です。建築基準法や建築基準法施行令、告示などの難解な条文を分かりやすく説明したものです。

木造では『木造軸組工法住宅の許容応力度設計』（監修・国土交通省住宅局建築指導課ほか）、鉄骨造では『鋼構造設計指針』（日本建築学会）は読んでおかなければなりません。

『鉄筋コンクリート構造設計指針』（日本建築学会）は、鉄筋コンクリート造の部材の計算方法だけでなく、モデル化の方法や応力計算の方法まで記述されているため、構造設計における基本の参考書ともいえます。

壁式の鉄筋コンクリート造では、『壁式鉄筋コンクリート造設計施工指針』（編集・国土交通省国土技術政策総合研究所ほか）が基本書となります。

基礎については、『基礎構造設計指針』（日本建築学会）などがあります。

> 建築基準法、各種の規準・指針を考慮して構造設計を行います

図1

建築基準法の主な構造規定

条	主な内容
6条	適合性判定の義務化
18条	確認や検査に対する手続きや指針に関する内容規定
20条	**構造耐力に関する規定、構造計算対象建築物の区分** ⬇ 具体的規定は建築基準法施行令81条で規定

図2

建築基準法施行令の主な構造規定

条	主な内容
36条	構造方法に関する技術的基準
81条	**法20条各号に応じた構造計算基準の適用範囲** (時刻歴応答解析の規定)
82条	**構造計算の手法** ①許容応力度計算 ②保有水平耐力計算 ③限界耐力計算
83～88条	荷重・外力の算出方法
89～94条	各種材料の許容応力度の算出方法
95～99条	各種材料の材料強度の算出方法

図3

主な団体が発行する構造関連の規準書

団体名	主な規準書
日本建築センター	『建築物の構造関係技術基準解説書』『壁式ラーメン鉄筋コンクリート造設計施工指針』『壁式鉄筋コンクリート造設計施工指針』ほか
日本建築学会	『鋼構造設計指針』『鉄筋コンクリート構造設計指針』『基礎構造設計指針』ほか各構造設計指針、『鉄筋コンクリート構造計算規準・同解説』ほか各構造計算の規準・同解説書
公共建築協会	『建築構造設計基準及び同解説』ほか
各都道府県建築士事務所協会	『建築構造設計指針』ほか
日本住宅・木材技術センター	『木造軸組工法住宅の許容応力度設計』
日本建築防災協会	『木造住宅の耐震診断と補強方法』ほか
日本鋼構造協会	『鋼構造物の疲労設計指針・同解説』ほか
新都市ハウジング協会	『CFT構造技術指針・同解説』ほか

法律以外にも、各団体が構造関係の規準を発行しており、構造設計の際には参考にする必要がある。写真は構造設計に必要な規準類を集めたもの。1つにまとめると人の背たけよりも高くなる量だ

6 構造計算の手法と法律

構造計算のルート

2つの意味がある計算ルート

構造計算ルートには、ルート1とルート2の許容応力度計算、ルート3の許容応力度計算＋保有水平耐力計算があります。

「計算ルート」という用語には、2通りの使われ方があります。

1つは、建築基準法で認められている許容応力度計算、保有水平耐力計算、限界耐力計算、時刻歴応答解析などの計算方法を指す場合です。「許容応力度計算ルート」「限界耐力計算ルート」などのように使われます。

もう1つは、耐震計算と呼ばれる一連の構造計算の過程を指す際に用いられます。通常は、計算ルートというと耐震計算ルートを指します。

耐震計算ルートとは

耐震計算とは、許容応力度計算（1次設計）と保有水平耐力計算（2次設計）の2段階からなる計算方法です。1次設計は、建築物の構造耐力上主要な部分に生ずる応力度が許容応力度以下であることを確認します。2次設計では、きわめてまれである大地震に対して建築物が倒壊しないことを確認します。

計算の過程には、令82条の各号に規定された計算方法に加えて、地震に対する安全性を確保するための規定が含まれています。この安全性の確認項目の違いによってルートは3つに分かれるため、それぞれ「ルート1」「ルート2」「ルート3」と呼ばれているのです。

構造種別により各ルートで確認する項目が若干違いますが、基本的な考え方は同じです。

申請業務という点から見ると、ルート1を採用すると構造計算適合性判定を必要としませんが、ルート2かルート3を採用すると構造計算適合性判定を受けなければなりません（図）。

なお、木造の場合、許容応力度計算（ルート1）を行わない「壁量計算ルート」と呼ばれる構造計算のプロセスが認められています。

構造計算には、3つのルートがあります

図

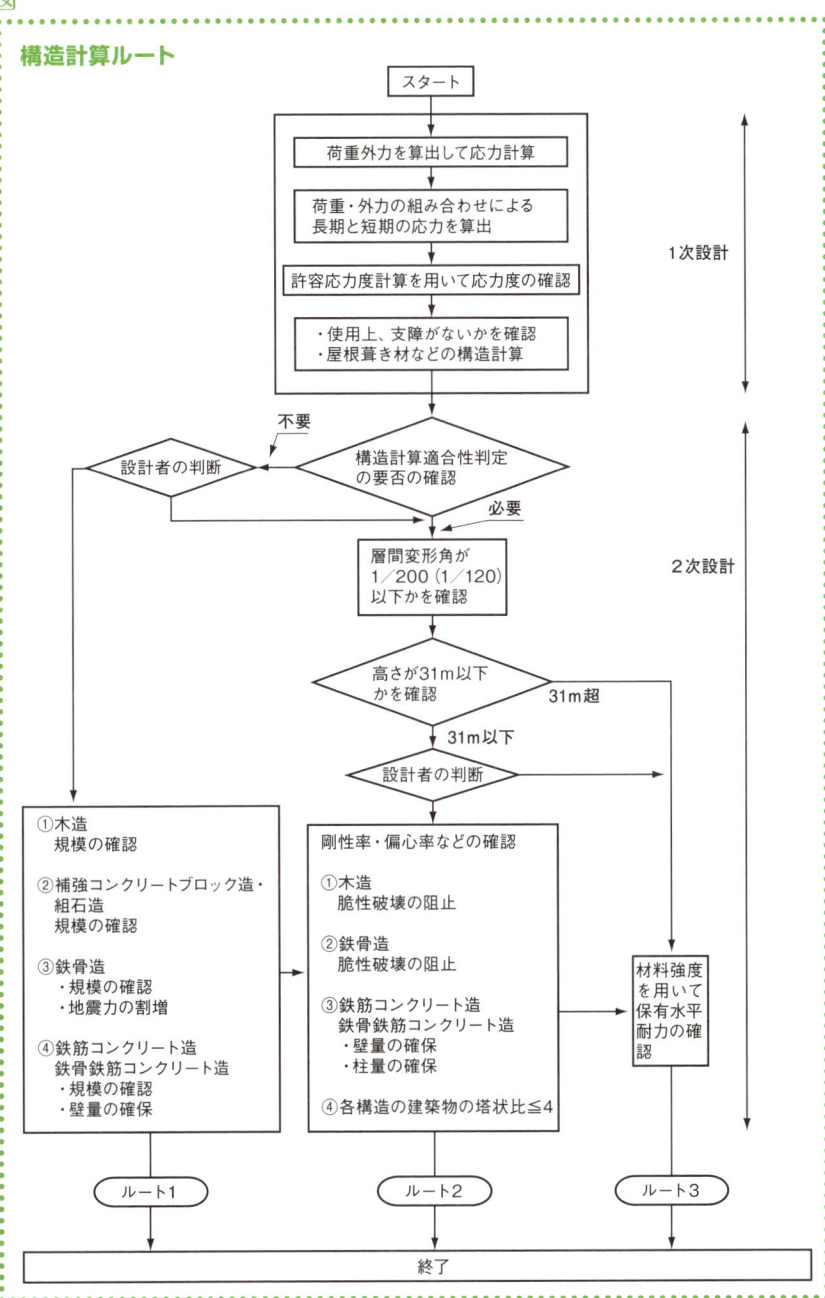

構造計算ルート

```
                          スタート
                            ↓
                  ┌──────────────────────┐
                  │ 荷重外力を算出して応力計算 │
                  ├──────────────────────┤
                  │ 荷重・外力の組み合わせによる │
                  │ 長期と短期の応力を算出    │      1次設計
                  ├──────────────────────┤
                  │ 許容応力度計算を用いて応力度の確認 │
                  ├──────────────────────┤
                  │・使用上、支障がないかを確認 │
                  │・屋根葺き材などの構造計算  │
                  └──────────────────────┘
                            ↓
              不要  ◇ 構造計算適合性判定
    設計者の判断 ←──   の要否の確認
                            ↓ 必要
                  ┌──────────────────────┐
                  │ 層間変形角が          │
                  │ 1/200 (1/120)       │
                  │ 以下かを確認          │
                  └──────────────────────┘
                            ↓
                      ◇ 高さが31m以下
                         かを確認    ── 31m超
                            ↓ 31m以下
                      ◇ 設計者の判断
```

ルート1
① 木造
　規模の確認
② 補強コンクリートブロック造・組石造
　規模の確認
③ 鉄骨造
　・規模の確認
　・地震力の割増
④ 鉄筋コンクリート造
　鉄骨鉄筋コンクリート造
　・規模の確認
　・壁量の確保

ルート2
剛性率・偏心率などの確認
① 木造
　脆性破壊の阻止
② 鉄骨造
　脆性破壊の阻止
③ 鉄筋コンクリート造
　鉄骨鉄筋コンクリート造
　・壁量の確保
　・柱量の確保
④ 各構造の建築物の塔状比≦4

ルート3
材料強度を用いて保有水平耐力の確認

2次設計

終了

6 構造計算の手法と法律

耐震偽装事件後、義務化された構造チェック

構造計算適合性判定とは

建物を建築する場合は、工事着手前に確認申請書として、構造計算書、構造設計図書、安全証明などを行政や民間確認検査機関に提出し、計画が建築基準法に適合していることの確認を受けることが、建築基準法で義務付けられています。

しかし、2005年後半に耐震強度偽装（たいしんきょうどぎそう）事件が発覚し、従来の確認申請制度では、建築基準法への適合性の審査を厳格に行うことが困難であることが明らかになりました。これをきっかけに2008年6月の建築基準法改正で構造計算適合性判定の制度が新設されました。

構造計算適合性判定は、高度な工学的判断を含む構造計算の適合性を判定します。具体的には、①工学的な判断を伴うモデル化の妥当性、②構造計算に適用した解析法・算定式の妥当性、③演算の適正さ（演算結果の信頼性）、の3点を中心に審査・判定が行われます。

確認申請は、特定行政庁の建築主事や指定確認検査機関が行いますが、構造計算適合性判定は、各都道府県知事が指定した指定構造計算適合性判定機関が行います。

構造計算業務の流れ

構造計算適合性判定を行う場合は、特定行政庁や指定確認機関に確認申請書とともに構造設計図書を提出し、それをもとにした質疑や追加・修正などを行います。その後、指定構造計算適合性判定機関に書類が送られ、判定が行われます。

構造計算適合性判定の際のやり取りの方法は機関によって異なりますが、指定構造計算適合性判定機関は、適合性を判定し、結果を記載した通知を特定行政庁や指定確認検査機関に交付します。適正であると判定されると、書類は確認検査機関に戻され、特定行政庁や指定確認検査機関は、適合性が認められた建物に限り確認を行うことができます（図）。

> 一定規模の建物は構造計算適合性判定を受けなければなりません

図

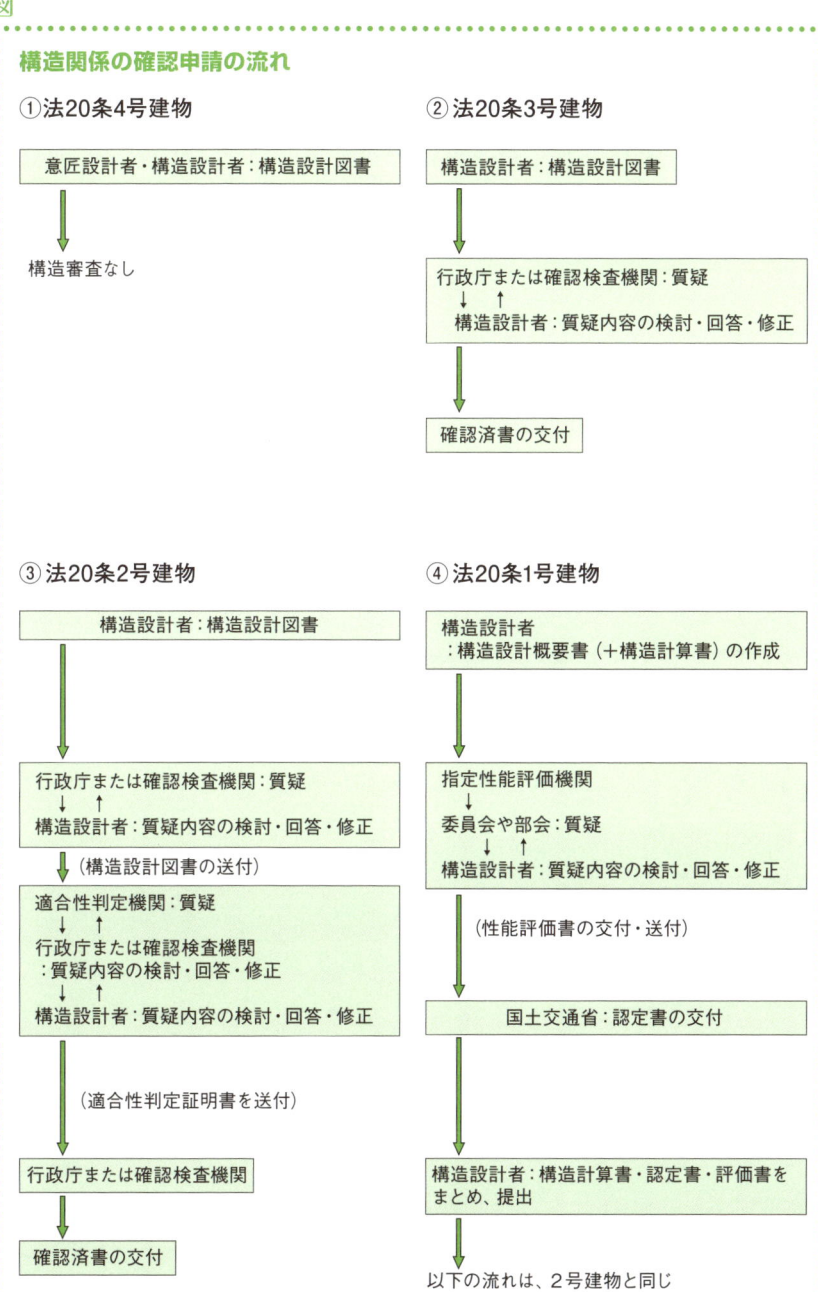

構造関係の確認申請の流れ

① 法20条4号建物

意匠設計者・構造設計者：構造設計図書
↓
構造審査なし

② 法20条3号建物

構造設計者：構造設計図書
↓
行政庁または確認検査機関：質疑
↓ ↑
構造設計者：質疑内容の検討・回答・修正
↓
確認済書の交付

③ 法20条2号建物

構造設計者：構造設計図書
↓
行政庁または確認検査機関：質疑
↓ ↑
構造設計者：質疑内容の検討・回答・修正
↓（構造設計図書の送付）
適合性判定機関：質疑
↓ ↑
行政庁または確認検査機関
：質疑内容の検討・回答・修正
↓ ↑
構造設計者：質疑内容の検討・回答・修正
↓（適合性判定証明書を送付）
行政庁または確認検査機関
↓
確認済書の交付

④ 法20条1号建物

構造設計者
：構造設計概要書（＋構造計算書）の作成
↓
指定性能評価機関
委員会や部会：質疑
↓ ↑
構造設計者：質疑内容の検討・回答・修正
↓（性能評価書の交付・送付）
国土交通省：認定書の交付
↓
構造設計者：構造計算書・認定書・評価書をまとめ、提出
↓
以下の流れは、2号建物と同じ

6 構造計算の手法と法律

江尻憲泰（えじり のりひろ）
1962年東京生まれ。1級建築士、構造設計1級建築士。1986年千葉大学工学部建築工学科卒業、1988年同大学大学院修士課程修了。同年青木繁研究室入所。1996年江尻建築構造設計事務所設立。現在、長岡造形大学教授、日本女子大学非常勤講師

ゼロからはじめる建築知識
06 建築構造

発行日	2010年9月29日　初版第1刷発行
	2017年6月28日　　　第2刷発行
著　者	江尻憲泰
発行者	澤井聖一
発行所	株式会社エクスナレッジ
	http://www.xknowledge.co.jp/
	〒106-0032
	東京都港区六本木7-2-26
問合せ先	編集　Fax:03-3403-1345 ／ info@xknowledge.co.jp
	販売　Fax:03-3403-1829
	広告　Tel:03-3403-1343 ／ Fax:03-3403-1828

無断転載の禁止
本誌掲載記事（本文、図表、イラスト等）を当社および著作権者の承諾なしに無断で転載（翻訳、複写、データベースへの入力、インターネットでの掲載等）することを禁じます。
©Norihiro Ejiri